NFT VERSTEHEN

Vor lauter digitaler Affen den Wald nicht mehr sehen. Die geheime Sprache der Kryptoszene verständlich erklärt

Steffen Weiler

DBT Verlag

COPYRIGHT © 2022 BY Steffen Weiler

2. Auflage 2022 by DBT Verlag

Alle Rechte vorbehalten, insbesondere das Recht der Vervielfältigung und Verbreitung sowie der Übersetzung. Kein Teil dieses Werkes darf in irgendeiner Form (durch Fotokopie, Mikrofilm oder ein anderes Verfahren) ohne schriftliche Genehmigung des Herausgebers reproduziert oder unter Verwendung elektronischer Systeme gespeichert, verarbeitet, vervielfältigt oder verbreitet werden.

Die in diesem Buch veröffentlichten Ratschläge wurden von Autor und Verlag sorgfältig erstellt und geprüft. Es kann jedoch keine Garantie übernommen werden. Ebenso ist die Haftung des Autors oder des Herausgebers und seiner Beauftragten für Personen-, Sach- und Vermögensschäden ausgeschlossen.

Externe Links wurden bis zum Zeitpunkt der Drucklegung des Buches überprüft. Auf mögliche spätere Änderungen hat der Verlag keinen Einfluss. Jegliche Haftung des Herausgebers ist daher ausgeschlossen.

Gedruckt von:
Amazon Distribution GmbH, Leipzig

Erste Druckausgabe, 2022
ISBN Print 978-3-9824441-0-9

ISBN E-Book 978-3-9824441-1-6

INHALTSVERZEICHNIS

Elon Musk & das schnelle Geld 4
Was ist Fungibilität? 17
Was ist ein NFT? 20
Wichtige Fachbegriffe der NFTs 35
Unterschied FIAT, Krypto und NFT? 45
Geschichte der NFTs 47
NFT Token Markt 55
Bestehende NFT-Blockchains 58
Arten von NFT 76

    Kunst NFTs 76

    Spiele NFTs 78

    Musik NFTs 83

    Film NFTs 88

    PFPs (Profilbilder) und Avatare NFTs 90

    Redeemable NFTs 91

    Identität NFTs 92

    Web2 Datenbank NFTs 93

    Physische Vermögenswerte NFTs 94

    Zugangs NFTs 94

    Virtuelle Mode NFTs 95

    Sport NFTs 95

    Ethereum Name Service & Domain NFTs 96

    Sozialer Einfluss NFTs 97

NFT-Marktplatz **98**

    Was ist ein NFT-Marktplatz? 98

    Wichtige Marktplätze 99

    Finde vertrauenswürdige Marktplätze 109

    Wie Du den Marktplatz nutzt 112

    Einblick in die NFT-Kultur 113

Wie Du selbst mit NFT beginnst **127**

    Geld in ETH überweisen 128

    Was brauche ich, um mit der Erstellung von NFT zu beginnen? 134

    Was ist NFT Minting? 140

    Wie man NFTs auf Rarible prägt 142

    Wie man NFTs auf OpenSea minted 145

    Minting auf anderen Plattformen 147

    Eine Ethereum-Adresse auf MetaMask erstellen 148

Wie Du NFT-Token verschickst **151**

    Schritte zum Senden von NFTs über MetaMask 151

    Wie findest du die beste NFT-Plattform? 153

Get Rich or Die Tryin? **155**

    Hat NFT einen impliziten Wert oder ist es nur ein Hype? 155

    Quo vadis NFT? 159

    Nachteile von NFTs 160

    Vorteile von NFTs 162

    Wie du mit NFTs Geld verdienst 165

    Fractionalize 168

    Neuer Arbeitsmarkt 170

    Erwartete Trends 172

Rechtliche Fragen rund um NFTs **179**

Keine Rechte an geistigem Eigentum 179

Steuerliche Aspekte 181

Deutsche Gesetze zu NFTs.. 185

Schlusswort: **188**

Impressum 189

ELON MUSK & DAS SCHNELLE GELD

Alles begann im Januar 2021, als ein guter Freund von mir, Eshveen Dabee über Kryptowährungen sprach, genauer gesagt über Dogecoin. Er sagte mir, dass Dogecoin in der Zukunft wahrscheinlich zu etwas viel Größerem werden könnte. Eshveen half mir, mein digitales Portemonnaie einzurichten und so begann meine Reise in die Kryptowährung. Schließlich stieg der Dogecoin durch viele Multiplikatoren wie Elon Musks Tweets über Doge stark an. All diese Umstände halfen mir, meine anfängliche Investition zu steigern und waren der Grund, warum ich beschlossen habe, mehr über die Blockchain-Technologie zu recherchieren.

Das folgende Interview mit meinem Freund soll dir einmal verdeutlichen, wie absurd einfach es sein kann im NFT Bereich Geld zu verdienen.

Wie bist du zum Thema NFT gekommen Eshyeen?

Im Februar 2021 wurden Non-fungible Tokens (NFTs) auf allen sozialen Medien zum Trend und die Leute machten buchstäblich Millionen von Dollar mit dem Verkauf ihrer digitalen Kunst. Zu dieser Zeit fand das Ganze hauptsächlich im Ethereum-Netzwerk statt. Ich habe über NFTs recherchiert, um zu verstehen, wie sie funktionieren und warum die Leute so verrückt danach sind, und um das Konzept des Eigentumsnachweises, der Echtheit und der Knappheit einzigartiger digitaler Güter zu verstehen. Ich kam zu dem Ergebnis, dass NFTs tatsächlich ein großartiger Aspekt der Blockchain und revolutionär sind. Allerdings hatte ich kein Budget um vielversprechende NFTs zu traden, noch hatte ich ein besonderes künstlerisches Talent, welches ich als NFT verkaufen konnte. Dafür hatte ich den Support von Elon Musk.

Wie kommst du den plötzlich an Elon Musk?

Naja, es war mehr ein glücklicher Zufall mit Elon. Dazu gilt zu sagen, dass Elon Musk in meinen Augen einfach der coolste Milliardär aller Zeiten ist. 2021 war ein großartiges Jahr für Elon Musk, denn er wurde zum reichsten Menschen der Geschichte und außerdem zur Person des Jahres 2021 der TIME gewählt. Der Grund, warum ich sage, dass er der coolste Milliardär aller Zeiten ist, sind all die revolutionären Dinge, die er gemacht hat, wie z.B. die Erfindung des völlig autonomen Elektroautos (Tesla). Er hat die längste und schwerste Rakete der Geschichte gebaut, um die Menschheit zu einer multiplanetaren Spezies zu machen und den Mars zu besiedeln (Starship-SpaceX). Dann ist da noch Neuralink, das implantierbare Gehirn-Maschine-Schnittstellen entwickelt und viele Patienten mit Hirnleistungsstörungen und Lähmungen heilen könnte. Es gibt noch viele weitere Gründe, aber das Wichtigste und bedeutendste für diese Geschichte an Elon Musk, sind seine Tweets auf Twitter. Man nennt ihn auch den "Meme-Lord" auf Twitter, weil er ständig Memes, Witze und lustige Sachen twittert - im Gegensatz zu den Twitter-Feeds anderer Milliardäre, die nur geschäftliche und ernste Tweets veröffentlichen. Elon Musk ist also eine Quelle der Inspiration für mich. Ich meine, wer würde nicht gerne die Welt verändern, revolutionäre Dinge machen und gleichzeitig cool sein?

Nagut, aber was hat Elon Musk jetzt mit deiner Geschichte in die NFT Welt zu tun?:

Die Geschichte des Memes ist eigentlich eine dumme Geschichte. Als der Dogecoin-Preis in die Höhe schoss und Elon Musk sein siebtes Kind namens X Æ A-Xii (alias Little X) bekam, beschloss ich, mit Photoshop ein Meme zu erstellen, das aus seinem Kleinkind Lil X und Dogecoin besteht. Das Meme zeigt, wie Elon Musk seinem Sohn X Æ A-Xii (Lil X) erklärt, wie wichtig Geld ist, während Lil X den Dollar nimmt und ihn mit einem strahlenden Lächeln in einen Dogecoin-Automaten steckt, obwohl sein Vater Nein sagt. Ich habe etwa 2-3 Minuten gebraucht, um das Meme in Photoshop zu erstellen und es auf meinem Handy zu speichern.

Wochen später, als Elon Musk gerade auf Twitter twitterte, postete ich das Meme als Antwort auf einen seiner Tweets. Ungefähr 10-15 Sekunden nachdem ich das Meme gepostet hatte, bekam mein Handy wahnsinnig viele Benachrichtigungen. Als ich mein Twitter checkte, stellte ich fest, dass der echte Elon Musk auf mein Meme geantwortet hatte: "Lil X is hodling his Doge like a Champ. Literally never said the word "sell" even once!" Ich konnte nicht glauben, dass die reichste Person der Welt mir geantwortet hat, obwohl ich nur ein dummes Meme gepostet hatte.

Abbildung 1: Elon Musk retweet

Das war das Verrückteste, was mir je passiert ist. Ich kann mit Worten nicht beschreiben, wie glücklich ich war, es war wie ein wahr gewordener Traum. Natürlich konnte ich die ganze Nacht nicht schlafen. Am nächsten Tag verbreitete sich der Artikel international und erschien auf Forbes, Business Insider, CNBC, FXStreet, Mint und Utoday.

Okay, Elon Musk hat auf deinen Tweet reagiert. Und nun?

Nun wollte ich natürlich versuchen diesen Tweet zu verkaufen. Bevor NFTs erfunden wurden, war es jedoch nicht möglich, ein Meme zu verkaufen. Da NFTs aber bereits im Trend waren, beschloss ich, mein Meme mit Hilfe der Aya-Kuratoren auf Lootverse als NFT zu verkaufen. Es mag verrückt klingen, dass nur der Screenshot von Elon Musk, der auf mein Meme antwortet, als NFT für 16.365 Dollar verkauft wurde. Sind die Leute wirklich so verrückt, viel Geld für virtuelle, nicht greifbare Güter zu bieten?

Bevor du nun aber fleißig Elon Musk auf deinen Twitter Memes markierst, solltest du wissen, dass es sich hierbei natürlich um einen extrem großen Zufall handelte. Auch im Kontext NFT gilt "there is no free lunch", was soviel bedeutet wie, "niemand hat etwas zu verschenken". Wenn du also richtig erfolgreich mit NFTs werden möchtest, musst du einige Dinge beachten. Diese werde ich dir in diesem Buch Schritt für Schritt aufzeigen.

Bestimmt hast du bereits gelesen, dass einige NFTs wie die CryptoPunks mehr als 1 Mio. Euro kosten. In der Anfangszeit, als die Bilder "geprägt" wurden, konntest du sie sogar umsonst abstauben. Notwendige Bedingung: Du musstest über eine Kryptowallet verfügen. Dabei handelt es sich um eine digitale Geldbörse auf der Blockchain (mehr dazu später). Die CryptoPunks sind der Vorzeige-NFT und konnten besonders durch weltberühmte Unterstützer, wie Gary Vee und Snoop Dog zu diesem Erfolg gelangen. Durch deren Netzwerk wurde das Projekt schnell in der Presse bekannt und fand viele Interessenten.

Für was steht nun denn aber der Begriff NFT?

Der Begriff NFT steht für "non-fungible Token". Er wird in der Regel genauso programmiert wie die Kryptowährungen Bitcoin oder Ethereum, aber da enden die Gemeinsamkeiten auch schon. Es gibt verschiedene Gründe, warum der Begriff "Token" für NFTs zu eng gefasst ist. Im Kapitel "Unterschiede zwischen Krypto und NFTs" werden die unterschiedlichen Ansätze beschrieben und diskutiert. Ein NFT hat deutlich fortgeschrittene Anwendungsmöglichkeiten auf der Blockchain.

Wenn du bereits in der Welt von Bitcoin, Blockchain oder "Krypto" im weiteren Sinne unterwegs bist, hast du eventuell schon von NFTs gehört. Jedoch besteht das NFT-Ökosystem aus vielen eng verwobenen Parteien mit unterschiedlichen Interessen. Das reicht vom geistreichen Künstler, über begabte Entwickler bis hin zu Gamern, spitzfindigen Unternehmern und allen sonstigen Anhängern, die eine Gewinnorientierung haben.

Wie schon erwähnt werden NFTs auf einer Blockchain gespeichert, einem dezentralisierten öffentlichen Buch, das die Transaktionen aufzeichnet. Die meisten Menschen kennen die Blockchain als die zugrunde liegende Technologie, die die Existenz von Kryptowährungen ermöglicht. Im Fall der NFTs wird am häufigsten die Ethereum-Blockchain genutzt, prinzipiell funktioniert die Technologie aber auch auf anderen Blockchains.

Ein NFT besteht aus digitalen Objekten, die sowohl materielle als auch immaterielle Objekte darstellen, wie z. B.:

- Art (Kunst)
- GIFs
- Videos und Sport-Highlights
- Sammlerstücke
- Virtuelle Avatare und Skins für Videospiele
- Designer Turnschuhe
- Musik

Sogar Tweets werden berücksichtigt. Jack Dorsey, ein Mitbegründer von Twitter, verkaufte seinen ersten Tweet als NFT für über 2,9 Millionen Dollar.

NFT ist eine Art von Kryptowährung, die von den Smart Contracts von Ethereum bestimmt wird. NFT wurde in Ethereum Improvement Proposals (EIP)-721 vorgeschlagen und in EIP-1155 weiterentwickelt. Diese Abkürzungen sind für dich derzeit nicht relevant, werden aber später interessant, wenn wir die bestehenden Marktplätze analysieren. Der wichtigste Unterschied zu Kryptowährungen ist, dass z.B. Bitcoin ein Standardcoin ist, bei dem jeder der Coins gleich ist und getauscht werden kann. Im Gegensatz dazu ist NFT einzigartig und kann nicht gleichartig gehandelt werden (nicht fungibel). Dadurch kann ein digitales Bild als Unikat erkannt werden, wovon es dann per Definition nur diese eine Version und keine Kopie davon geben kann.

Als Quintessenz lassen sich NFTs wiefolgt zusammenfassen:

—— **Durch die Verwendung von NFTs auf Smart Contracts kann ein Ersteller ohne großen Aufwand die Existenz und das Eigentum an digitalen Gütern wie Videos, Bildern, Kunstwerken, Veranstaltungstickets usw. nachweisen.** ——

NFTs sind im Wesentlichen digitale Versionen von greifbaren Sammlerobjekten. Der Eigentümer erhält die exklusiven Rechte an dem Objekt. Das bedeutet: NFTs können immer nur einen Besitzer haben. Da NFTs eindeutige Metadaten enthalten, ist es einfach, das Eigentum zu überprüfen und Token zwischen den Besitzern zu übertragen. Sie können auch verwendet werden, um Informationen des Eigentümers oder Urhebers zu speichern. Künstler/innen können zum Beispiel ihre Werke signieren, indem sie ihre Unterschrift in die Metadaten einer NFT einfügen.

Außerdem kann der Hersteller bei jedem transaktionswirksamen Austausch auf einem beliebigen NFT-Markt oder durch Peer-to-Peer-Handel Lizenzgebühren verdienen. Vollständige Rückverfolgbarkeit, Liquidität und Interoperabilität machen NFT zu einem vielversprechenden System zur Sicherung von geistigem Eigentum (engl. intellectual property kurz IP). Obwohl NFTs im weiteren Sinne nur Codes darstellen, haben die Codes für den Käufer einen hohen Stellenwert, wenn man ihre relative Knappheit als digitales Gut bedenkt. Das sichert die Verkaufspreise dieser IP-bezogenen Artikel, die für nicht-fungible virtuelle Vermögenswerte undenkbar erschienen. In letzter Zeit haben NFTs sowohl bei modernen als auch bei Mainstream-Forschern große Aufmerksamkeit erregt.

Jetzt fragst du dich wahrscheinlich, wofür NFTs verwendet werden können. Die Blockchain-Innovation und NFTs geben Spezialisten und Kreativen eine besondere Möglichkeit, ihre Produkte zu monetarisieren. Künstler müssen zum Beispiel nicht mehr auf Ausstellungen angewiesen sein, um ihre Handwerkskunst anzubieten. Stattdessen kann der Künstler seine Produkte als NFT anbieten, wodurch er einen größeren Teil des Gewinns behalten kann. Content Creator (Fotografen und Künstler) benötigen zukünftig keine Mittelsmänner mehr, sondern können ihre Werke direkt vertreiben. Darüber hinaus können Krypto-Spezialisten Hoheitsrechte (Royalties) einprogrammieren, sodass sie einen Anteil an den Geschäften erhalten, sobald ihre Kunst an einen weiteren Eigentümer verkauft wird. Das ist ein attraktives Highlight, da Künstler in der Vergangenheit meistens nach dem Verkauf ihres Gemäldes keine weiteren Leistungen erhalten haben.

Um ein besseres Verständnis für die Größe des NFT-Marktes zu bekommen, lohnt sich ein Vergleich mit dem Kryptomarkt. Das 24-Stunden-Tradingvolumen des NFT-Marktes belief sich Anfang 2022 im Schnitt auf ca. 4,5 Mrd. Dollar, während das 24-Stunden-Tradingvolumen des gesamten Kryptowährungsmarktes 341 Mrd. Dollar beträgt. Auf den ersten Blick scheint das also noch nicht viel zu sein. Doch die Liquidität von NFT-bezogenen Trades hat in einem so kurzen Zeitraum 1,3 % des gesamten digitalen Währungsmarktes ausgemacht. Der Markt für NFTs ist im Vergleich zu vor zwei Jahren (Januar 2020) insgesamt stark gewachsen.

Frühe Geldgeber verdienen Tausende von Dollar mit dem Verkauf bemerkenswerter Sammlerstücke und später im Buch bekommst du einen detaillierten Überblick darüber, wie du selbst Geld im NFT-Bereich verdienen kannst. Es lässt sich also festhalten, dass der Markt noch nicht so groß ist, wie der von Kryptowährungen, aber er rasant wächst. Das Angebot an NFTs wurde im Dezember 2020 auf 12 Millionen Dollar geschätzt, ist aber in nur zwei Monaten auf 340 Millionen Dollar (Februar 2021) explodiert. Ein solcher Anstieg hat dazu geführt, dass NFTs zu einem extremen Hype geworden sind und je nach Sichtweise sowohl als die ultimative Wertanlage als auch als der größte Betrug angesehen werden. Wir werden auf jeden Fall sehen, was die Zukunft bringt.

Um die Marktgröße besser zu verstehen, müssen wir wissen, dass der NFT-Markt in einen Hauptmarkt und einen Sekundärmarkt unterteilt ist. Auf die spezifischen Unterschiede werden wir später eingehen. Was die Marktgröße angeht, liegt die absolute Zahl der Transaktionen auf dem Hauptmarkt (Ersteller an die Allgemeinheit) bei über 17.140, während die Zahl der Nebentransaktionen (von Kunde zu Kunde) bei 8.589 liegt, was zeigt, dass mehr Menschen daran interessiert sind, NFTs direkt an der Quelle zu kaufen. Das ist zunächst einmal ein gutes Zeichen, denn ein gewisser Teil interessiert sich für die Kunst als solche und nicht für den direkten Kauf und Verkauf von NFTs.

Abgesehen von den oben genannten Informationen haben die Menschen Interesse an verschiedenen Arten von NFTs bekundet. Sie interessieren sich mit Begeisterung für NFT-bezogene Spiele oder Austauschprogramme. CryptoPunks, eine der wichtigsten NFT auf Ethereum, hat mehr als 10.000 sog. sammelbarer

"Troublemakers" (6039 Jungs und 3840 Frauen) geschaffen und die ERC-721-Norm weiterentwickelt, um berühmt zu werden. CryptoKitties setzte NFTs in Szene und kam 2017 mit dem Gamification Ansatz auf den Markt. Die Mitglieder lieferten sich wilde Wettkämpfe um die seltenen Katzen, und der höchste Preis lag bei mehr als 225 ETH (zum damaligen Zeitpunkt mehr als 1 Mio. Dollar). Eine weitere außergewöhnliche Gelegenheit ist NBA Top Shot, eine NFT-Tauschbörse, die zum Kauf/Verkauf von fortgeschrittenen Kurzaufnahmen von NBA-Minuten genutzt wird. Viele NBA-Fans aus der ganzen Welt haben über 7,6 Millionen Top Shot-Momente gesammelt und damit das Programm von New Kids on the Block, Vets und Rising Stars zusammengestellt. Auch die folgenden Projekte waren sehr erfolgreich: 3DPunks, CryptoCats, Moon Cats Rescue und NFT box. Es steht außer Frage, dass NFT einen öffentlichen Hype erfährt, bei dem ein Großteil der Gegenstände zu erstaunlichen Preisen versteigert werden kann, einige sogar für Hunderte oder Tausende von ETHs. Neben Spielen und Sammlerstücken tragen NFTs auch zur Verbesserung von Kunst, Veranstaltungstickets, Werten, IoT und Finanzen bei. Mittlerweile gibt es verschiedene Anbieter, die den zu Beginn leider häufig vorkommenden Betrugsfällen den Kampf angesagt haben und maßgeblich zur Förderung und Schaffung sicherer Bedingungen beigetragen haben. Dazu zählen z.B. informative, statistische Websiten (z.B. NonFungible, DappRadar, NFT Bank, DefiPulse), Tauschbörsen (OpenSea, SuperRare, Rarible) und das NFT-Ökosystem.

NFTs sind auch deshalb so gefragt, weil sie den Ansatz der dezentralen Datenspeicherung auf eine neue Ebene heben, indem sie die bisher bekannten Verfahren disruptieren. Dies kann erhebliche Auswirkungen auf viele Geschäftsbereiche haben, der NFT-Fortschritt sich noch im Anfangsstadium befindet und das Potenzial hat, das geistige Eigentum, wie wir es kennen zu revolutionieren. Außerdem haben die Künstler, die ihre NFTs für Rekordsummen verkauft haben, weitere Künstler dazu gebracht, dem Krypto- und Blockchain-Universum zu mehr Aufmerksamkeit zu verhelfen.

Andererseits zeigen Fälle wie Folgender mögliche Nachteile, bzw. Risiken von NFTs auf: Im April 2022 blieben Ethereum im Wert von 34 Millionen Dollar während einer hochkarätigen NFT-Einführung "stecken". Dauerhaft. Die Investoren werden niemals auf die Gelder zugreifen können. Auch die Entwickler nicht. Nicht einmal der Hacker, der versucht hat, eine Schwachstelle im zugrunde liegenden Smart Contract aufzudecken. 34 Millionen Dollar für immer in der Blockchain verloren. Das ist eine wirklich schreckliche Situation für alle Beteiligten und eine wichtige Lektion für die Branche. Es wird viel über das unglaubliche Potenzial von Smart Contracts gesprochen, aber oft nicht genug über die Risiken.

In diesem Fall genügte eine einzige Codezeile, um eine Katastrophe auszulösen. Deshalb ist es wichtig nicht blind jedem Trend hinterherzulaufen und von Beginn an um die Risiken Bescheid zu wissen, da die Technologie gerne als "smart" bezeichnet wird. Genauso wie "Smart Phones", "Smart Glasses", "Smart Homes", "Smart Contracts". Dies ist eine schmerzhafte Erinnerung daran, dass die Bedeutung von "smart" ausschließlich von der Qualität des zugrunde liegenden Codes abhängt. Sicherheit und Audits waren noch nie so wichtig wie heute.

Neben den Risiken sind die Beweggründe zum NFT Erwerb häufig von niedriger Natur. Es geht – wie in der analogen Welt - in der Welt der NFTs auch hauptsächlich darum, zu zeigen was man hat. Die ältere Generation nutzte dafür das schicke Einfamilienhaus in der Vorstadt und den Audi oder Porsche in der Einfahrt. Die jüngere Generation nutzt ähnliche Vergleichsmechanismen heutzutage im Web. Virtuelle Klamotten wie Trikots von Eintracht Frankfurt oder seltene Pullover von Nike und Adidas dienen dazu den online Avatar zu individualisieren und in seinem Umfeld damit anzugeben. Dabei ist das virtuelle Erscheinungsbild mittlerweile genauso wichtig, wie die Klamotten im echten Leben.

Angenommen, die Idee von NFT ist für dich mittlerweile etwas offensichtlicher. Du hast verstanden, dass es sich um ein knappes digitales Gut handelt, welches auf der Blockchain gehandelt wird. Dann gilt es als nächstes zu begreifen, dass ein NFT je nach verwendeter Blockchain andere Eigenschaften mit sich bringt, die du unbedingt kennen solltest. Dafür werden wir uns die unterschiedlichen Verfahren mitsamt ihrer Vor- und Nachteile anschauen und du wirst am Ende einen Leitfaden haben, mit dem du gute und schlechte Plattformen erkennen kannst.

Mit den vorgestellten Fähigkeiten kannst du dir viele Fehler und Geld ersparen. Das derzeitige NFT Umfeld ist so dynamisch, dass es noch keine wirklichen Regeln und Gesetze für diesen Markt gibt. Die Staaten versuchen zwar aktuell, den Markt durch einzelne Gesetzesvorlagen zu regulieren. Der globale und dezentralisierte Blockchain Ansatz bedeutet jedoch, dass dies mit enormen Aufgaben verbunden ist. Daher ist jetzt die beste Gelegenheit, in diesem Bereich anzufangen, bevor der Einfluss der Regierung die zukünftigen Entwicklungsmöglichkeiten erheblich beeinträchtigt.

Vielleicht bist du weiterhin eher skeptisch gegenüber NFTs oder du weißt immer noch nicht, was ein NFT ist. Keine Sorge, dieses Buch vermittelt dir kompaktes und umfassendes Wissen über das Thema. Es enthält einen ausführlichen Überblick über NFTs, die technischen Grundlagen, die Geschichte von NFTs, gängige Missverständnisse über NFTs und wie du in den NFT-Markt einsteigen kannst.

WAS IST FUNGIBILITÄT?

Fungibilität ist die Fähigkeit einer Ware, gegen eine andere Ware desselben Wertes getauscht zu werden. Beispiele für fungible Vermögenswerte sind Währungen, Rohstoffe und Edelsteine.

Um als fungibel zu gelten, sollte eine Ressource einen festen Wert haben und mit anderen Dingen von vergleichbarem Wert gehandelt werden können. Ein Euro oder auch ein Bitcoin werden als fungible Gegenstände angesehen, da sie einen quantifizierbaren Wert in verschiedenen Geldformen haben und gegen einen gleichwertigen Wert gehandelt werden können. Außerdem können fungible Ressourcen getrennt und in Portionen verkauft werden, was es einfacher macht, sie gegen andere ähnliche Dinge einzutauschen.

Kryptowährungen und physisches Geld sind beide "fungibel", d.h. sie können gegeneinander gehandelt oder getauscht werden.

Außerdem sind sie den gleichen Geldbetrag wert - ein Euro entspricht immer einem festen Kurs des Dollars und ein Bitcoin ist immer genau einen anderen Bitcoin wert.

NFTs hingegen sind einzigartig in der Kryptowelt. Jeder einzelne NFT enthält eine digitale Signatur, die verhindert, dass NFTs ausgetauscht gefälscht werden können (daher auch non-fungible; "nicht fälschbar"). Auch wenn es sich um zwei NFT Top Shot Werke handelt, ist der eine nicht mit dem anderen aufzuwiegen. Das Urheberrecht hat erstmal noch nichts mit dem NFT zu tun. Natürlich darf es nur 1 digitale Version eines Gemäldes geben. Darauf wird im letzten Kapitel des Buches nochmal eingegangen.

Es ist wichtig, zwischen fungiblen und nicht fungiblen Token zu unterscheiden. Fungible Token sind Gegenstände, die leicht getauscht werden können. Wenn du zum Beispiel einen Hundert-Euro-Schein hast, kannst du ihn gegen einen anderen Hundert-Euro-Schein oder sogar gegen 5 Zwanzig-Euro-Scheine eintauschen, solange sie den gleichen Wert haben. Geld, egal ob Münzen oder Scheine, ist tauschbar oder fungibel, du kannst es sogar in verschiedene Fremdwährungen umtauschen. Ein anderes Beispiel: Du kaufst zum Beispiel ein rotes Hemd auf dem Markt. Solange es dir gefällt und zu deiner Größe und deinen Vorlieben passt, ist es dir und den Leuten meist egal, ob der Laden Hunderte desselben Hemdes verkauft, aber wenn deine Mutter dir ein rotes Hemd strickt, kann es nicht ersetzt werden, da es einen emotionalen Wert für dich hat. In einer Wirtschaft ist alles entweder fungibel oder nicht fungibel. Eine Schultasche, die aus einer Charge von tausend identischen Schultaschen hergestellt wird, ist fungibel; sie kann ersetzt werden, während Picassos Kunst nicht fungibel ist und nicht ersetzt werden kann. NFTs sind digitale Medien wie Bilder, GIFs und Videos, die von Menschen auf der ganzen Welt erstellt und online gehandelt werden. Erst als diese NFTs anfingen, für sechsstellige Beträge verkauft zu werden, gewann die NFT-Welt an Popularität und die Menschen begannen, sich dafür zu interessieren. So konnte ein Künstler namens Beeple den teuersten NFT-Handel mit rund 70 Millionen USD verzeichnet.

Wenn es um NFTs geht, fragen sich die meisten Menschen, warum sie so teuer sind. Einige einfache Fotos oder Bilder ohne besonders bemerkenswerte Eigenschaften wurden in den letzten zwei Jahren für Hunderte, wenn nicht sogar Millionen von Dollar verkauft. Man muss die Eigenschaften von NFTs verstehen, um ihre Wirtschaftlichkeit zu begreifen. NFTs sind nicht ersetzbar, d.h. wenn du einen kaufst, gibt es nur eine oder eine begrenzte Anzahl davon auf der Welt. Das führt teilweise zu exorbitanten Preisen, die zwar für viele verblüffend sind, aber einfach nur marktökonomischen Regeln von Angebot und Nachfrage folgen. Wenn es eine Nachfrage nach einer Ware gibt und das Angebot gering ist, wird der Preis steigen.

Jetzt kannst du natürlich anmerken, was es nützt, den NFT eines Werks zu besitzen, wenn das Werk immer noch im Netz verfügbar ist und so oft heruntergeladen werden kann, wie man möchte?

Dazu musst du wissen, dass es einen Unterschied zwischen der Kopie eines Werks und seinem tatsächlichen Besitz gibt. Diesen Unterschied schauen wir uns im nächsten Kapitel an:

WAS IST EIN NFT?

Non-Fungible Token sind einzigartige digitale Vermögenswerte, die reale Gegenstände wie Fotos, Musik, Videos und Sammelkarten darstellen. Sie werden in einem digital Ledger verwaltet und online gekauft und verkauft. Anstatt ein echtes Foto zu kaufen, um es an die Wand zu hängen, erhält der Käufer zum Beispiel eine digitale Originaldatei. Nahezu jeder digitale Vermögenswert, wie z. B. eine digitale Sammelfigur, virtuelle Immobilien oder unbearbeitete Beiträge in sozialen Medien, können als NFT erstellt und gekauft werden.

Unersetzlich bedeutet, dass NFTs nicht gegeneinander austauschbar sind. Jeder NFT ist anders, was sie von fungiblen Token (wie Kryptowährungen) unterscheidet, die gegeneinander ausgetauscht werden können. Jeder NFT existiert dabei lediglich auf einer dezentralen digitalen Plattform auf Basis der Blockchain-Technologie und besitzt ein digitales Echtheitszertifikat. Durch dieses kann dem Unikat ein entsprechender finanzieller Wert durch das Angebot und die Nachfrage im Markt zugewiesen werden.

Jede Transaktion auf der Blockchain wird im digital Ledger gespeichert, welcher jede NFT-Transaktion öffentlich aufzeichnet, um zu belegen, wem der Gegenstand gehört. Die meisten NFTs existieren auf der Ethereum-Blockchain. Wie auf der Bitcoin-Blockchain erstellt auch die Ethereum-Blockchain eine permanente digitale Aufzeichnung jeder Transaktion.

Dabei sind alle Transaktionen für die Öffentlichkeit sichtbar. Der NFT-Ersteller behält das Urheberrecht an dem Gegenstand und hat das Recht, den Gegenstand so oft wie nötig zu vervielfältigen. Obwohl der Ersteller zahlreiche Kopien des Originals anfertigen kann, muss der Käufer eines NFTs die Erlaubnis des Erstellers einholen, wenn er eine Kopie des Gegenstands anfertigen möchte - und jede Kopie wird als einzigartiger NFT betrachtet.

Das Internet hat die Welt zu Beginn des einundzwanzigsten Jahrhunderts revolutioniert. Unternehmen begannen, online zu arbeiten, und Devisentransaktionen werden heute hauptsächlich über Online-Banking abgewickelt, so dass die Entstehung digitaler Vermögenswerte wie NFTs vorprogrammiert war. Viele Menschen fragen sich, warum sie für ein NFT bezahlen sollten, wenn sie es kostenlos herunterladen, ausdrucken oder sogar ansehen können. Nehmen wir das Gemälde der Mona Lisa als Beispiel, um diese Frage auf die einfachste Weise zu beantworten. Es gibt nur ein einziges Mona Lisa-Gemälde auf der Welt, und das ist extrem wertvoll. Es wird nicht dasselbe sein, egal ob du ein anderes vergleichbares Duplikat mit zentimetergenauen Details von den besten Malern der Welt malst oder eine ähnliche Replik druckst. Die echte Version kann man sich kostenlos ansehen, aber nicht kaufen. Diese NFTs sind ähnlich, da sie einzigartig sind. Sie werden in der Regel im Tausch gegen Kryptowährungen wie Bitcoin und Ethereum verkauft und werden auf der Blockchain dieser Kryptowährungen entwickelt. Die meisten Token (digitale Vermögenswerte) werden mit Hilfe von Smart Contracts auf der Ethereum-Blockchain erstellt und als ERC-721-Token ausgegeben, so dass jeder Token seine eigene Geschichte hat und unverwechselbar ist, auch wenn er in Stapeln verteilt wurde. Wenn zum Beispiel ein Künstler einen Stapel von 100 NFTs abgibt, kann jeder von ihnen identische Eigenschaften haben, aber in Bezug auf die Daten unterschiedlich sein. Du wirst überrascht sein zu erfahren, dass NFTs ein ganzes Universum namens Dezentraland aufgebaut haben, einen 3D-Ort, an dem du Ländereien kaufen und besitzen kannst. Jedes Land ist einzigartig, da es eine NFT ist und die notwendigen Koordinaten hat, um seine genaue Lage zu bestimmen. Du kannst diese Ländereien auch nutzen, um deine Kunstwerke oder deine NFTs auszustellen. Das Beste daran ist, dass es den Mitgliedern der Gemeinschaft gehört und alle Änderungen durch eine Abstimmung der Mitglieder beschlossen werden.

Merkmale von NFT

Ein NFT hat die folgenden Hauptmerkmale:

- Einzigartigkeit
- Handelsmöglichkeit
- Interoperabilität
- Programmierbarkeit
- Eigentümerschaft
- Übertragbarkeit
- Normung
- Liquidität
- Rückverfolgbarkeit
- Knappheit
- Unteilbarkeit

Einzigartigkeit

Wie bereits erwähnt, basieren NFTs auf der Blockchain, sodass du den Daten, die du erstellst, eine Einzigartigkeit verleihen kannst.

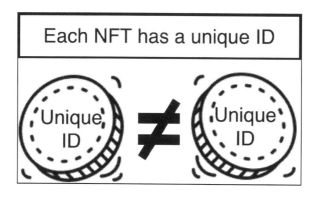

Abbildung 2: Eindeutige Kennung jedes NFTs (eigene Darstellung)

Mit anderen Worten: Es ist möglich, einen einzigartigen Gegenstand zu schaffen, der nicht kopiert oder manipuliert werden kann, selbst wenn es sich um Daten handelt, genau wie ein echtes Gemälde oder ein Juwel. Nicht fälschbare Token, oder NFTs, sind wichtige "Signaturen", die garantieren, dass ein bestimmter Gegenstand der einzige seiner Art ist. In Abbildung 2 lässt sich erkennen, dass es für jeden einzelnen NFT eine eindeutige ID gibt. Das Wort fungibel bedeutet "austauschbar"; wenn ich zum Beispiel eine Unze Gold besitze, ist sie im Grunde dasselbe wie die Unze Gold eines anderen, auch wenn dessen Gold anders ist. Nichtfungibel bedeutet dagegen, dass nichts anderes genau so ist wie das, was du hast. Du erinnerst dich bestimmt an das Mona Lisa Beispiel aus dem Vorkapitel. Ich möchte das nochmal aufgreifen und etwas verdeutlichen.

Wenn du die Mona Lisa hast, ist das Kunstwerk, das die Mona Lisa selbst ist, das eigentlich Wertvolle; jeder, der ein Foto von der Mona Lisa knipst oder ein Poster von ihr ausdruckt, hat nicht die echte Mona Lisa. In diesem Kontext ist es natürlich recht einfach, da die Mona Lisa ein physisches Objekt ist, sodass es einfach ist, sie zu berühren und zu sagen: "Das ist meine, und es gibt nur eine, denn ich halte sie gerade in meinen Händen. "Damit verärgerst du wahrscheinlich die Kuratoren des Louvre, aber du verstehst, was ich meine.

Ein digitales Objekt kannst du aber nicht einfach so in den Händen halten. Ich kann nicht nur eine Bilddatei der Mona Lisa auf meinem Computer speichern, sondern ich kann sie auch eine Million Mal kopieren und einfügen, was zu einer Milliarde Kopien der Mona Lisa führt. Und wenn du einfach alles kopieren und einfügen kannst, gibt es so viele davon, dass es nicht mehr wertvoll ist, weil jeder es kaufen kann.

Der Besitz einer NFT der Mona Lisa hingegen verkündet der Welt: "Ich besitze die echte Mona Lisa, und dies ist das einzige Original". Sie kann nicht weggenommen oder zerstört werden und - was vielleicht am wichtigsten ist - sie kann nicht exakt kopiert werden.

Während die Fähigkeit zum Kopieren und Einfügen im digitalen Zeitalter normalerweise die digitale Knappheit beseitigt, führt eine NFT die **Knappheit** wieder ein. Und wenn es nur eine echte digitale Mona Lisa auf der Welt gibt, wird sie plötzlich extrem wertvoll.

Der Unterschied zur Mona Lisa ist auch, dass NFTs von einer dezentralen Blockchain verwaltet werden und nicht von einer bestimmten Organisation. Daher ist es möglich, eigene NFTs genauso frei zu übertragen und zu handeln wie Krypto-Assets wie Bitcoin, da es kein klassisches Verwaltungsinsitut mehr gibt.

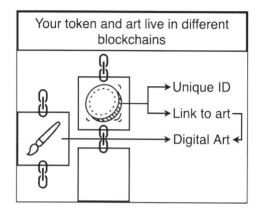

Abbildung 3: Technischer Aufbau eines NFT (eigene Darstellung)

Programmierbarkeit

Wie alle traditionellen digitalen Vermögenswerte und Token, die auf Smart-Contract-Blockchains basieren, sind NFTs vollständig programmierbar. Die Projekte CryptoKitties und Axie Infinity haben Vermehrungsmechanismen zur Kodierung von Token eingeführt. Jeder nicht-fungible Token besteht aus Metadaten, die jedem Token seine Persönlichkeit verleihen, z. B. Name des Besitzers, Typ, ID, Seltenheit und mehr. Die Möglichkeiten, den NFTs spezifische Metadaten hinzuzufügen, sind nahezu unbegrenzt.

Die Programmierbarkeit ermöglicht es NFT-Autoren, Gebühren für den Zweitvertrieb, Grenzen für das Transaktionsvolumen und mehr vorzuprogrammieren. Mit dieser Funktion ist es möglich, einen Mechanismus zu schaffen, der besagt, dass ein Teil des Kaufpreises zum Zeitpunkt der Verteilung an den Autor/die Autorin überwiesen wird, selbst wenn der NFT die Hände des Autors/der Autorin verlässt. Diese spezielle Programmierbarkeit ermöglicht es den NFT-Autoren auch, Gebühren zu kassieren, ohne ein Copyright-Verfahren zu durchlaufen.

Obwohl NFTs die Neugier von Investoren auf der ganzen Welt geweckt haben, beschränken sich die meisten ihrer aktuellen Anwendungsfälle auf den Bereich der digitalen Kunst. Allerdings sind die meisten NFTs von Natur aus programmierbar, d.h. sie können so gestaltet werden, dass sie sich im Laufe der Zeit verändern und an bestimmte Auslöser und Eingaben ihrer Besitzer/innen sowie an externe Trigger anpassen. Programmierbare NFTs sind einfach Container, die an die Bedürfnisse und Anforderungen ihrer Besitzer angepasst werden können. Sie können zum Beispiel dazu verwendet werden, "Treuhandkonten" einzurichten oder sogar ihren fundamentalen Inhalt zu fraktionieren, was den Besitz noch weiter vereinfacht. Darüber hinaus können ihre Besitzer durch die Programmierung dieser Token eine Vielzahl einzigartiger Indexfonds erstellen, die nicht nur genau sind, sondern sich auch in Bezug auf die Gesamtfunktionalität und die Nutzung extrem anpassen lassen. Einfach ausgedrückt, dienen programmierbare NFTs als Speicher für eine Reihe von digitalen Vermögenswerten und ermöglichen es den Nutzern, ihr wahres Potenzial sowohl in digitaler als auch in finanzieller Hinsicht auszuschöpfen.

Wenn ein NFT in einen Container verwandelt wird, kann er andere wertvolle digitale Werte auf völlig frei programmierbare Weise beherbergen - die Möglichkeiten sind wirklich unbegrenzt. Auf großen NFT-Plattformen wie OpenSea können sie übertragen, gespeichert, als Sicherheiten verwendet oder verkauft werden.

Interoperabilität

Der Standard der nicht-fungiblen Token ermöglicht, sich problemlos über verschiedene Ökosysteme hinweg zu bewegen. Wenn Entwickler/innen neue NFT-Projekte starten, sind diese NFTs sofort bei Dutzenden von verschiedenen Wallet-Anbietern einsehbar, können auf dem Markt gehandelt und in der virtuellen Welt angezeigt werden, da der offene Standard gelesen und geschrieben wird. NFTs können über verschiedene Distributed-Ledger-Technologien (DLTs) über eine dezentrale Verbindung oder einen zentralen Verwahrungsdienst gehandelt, gekauft oder verkauft werden.

Deshalb wird der Begriff "Interoperabilität" häufig als einer der Hauptgründe genannt, warum NFTs so revolutionär sind. Interoperabilität, d.h. die Fähigkeit verschiedener Systeme und Produkte, nahtlos zusammenzuarbeiten (jetzt oder in Zukunft), ist ein kompliziertes Thema mit vielen inhaltlichen Feinheiten. Die Bedeutung und Wichtigkeit der digitalen Interoperabilität hingegen kann ein echter Gamechanger für den gesamten Markt sein.

Da unsere Welt immer vernetzter und integrierter wird, ermöglichen offene Standards, Protokolle und Formate den freien Informationsfluss, die effektive Aktualisierung und Pflege digitaler Räume und die Standardisierung von Werkzeugen und Fähigkeiten. Interoperabilität hat das Potenzial, eine Vielzahl von Verbraucher- und Geschäftsanwendungen zu verändern, z. B. im

Gesundheitswesen, im Finanzwesen, in der Technik und in vielen anderen Bereichen.

Eigentümerschaft

NFT kombiniert die besten Eigenschaften von dezentraler Blockchain-Technologie und nicht fälschbaren Vermögenswerten. Im Gegensatz zu gewöhnlichen digitalen Vermögenswerten, die von zentralisierten Stellen ausgegeben und reguliert werden, können verschlüsselte NFT-Vermögenswerte nach Bedarf genutzt werden und geben dem Eigentümer/der Eigentümerin echtes Eigentum.

Echtes Eigentum ist eine der wichtigsten Komponenten jedes NFT, und da sich die digitale Wirtschaft weiterentwickelt, besteht kein Zweifel daran, dass NFTs eine Schlüsselrolle dabei spielen werden, die digitale und die physische Welt näher zusammenzubringen als je zuvor.

Da NFTs dezentralisiert sind, ist kein zentraler Emittent nötig und es gibt keinen Eingriff durch Dritte, was ihre Übertragung erleichtert. Im Bereich der Spiele zum Beispiel löst NFT das Exklusivitätsproblem herkömmlicher Spiele, da Vermögenswerte einfach zwischen verschiedenen Blockchain-Spielen übertragen werden können. Vermögenswerte, die Nutzer/innen in NFT-Spielen bauen oder kaufen, gehören dem/der Nutzer/in persönlich und nicht der Spielfirma, sodass sie zwischen den Welten übertragen und von einem Spiel zum anderen mitgenommen werden können.

Standardisierung

Herkömmliche digitale Vermögenswerte haben keine einheitliche Definition, aber durch die Darstellung von nicht-fungiblen Vermögenswerten auf der öffentlichen Blockchain können Entwickler universelle, wiederverwendbare und vererbbare Standards für alle nicht-fungiblen Token schaffen. Dazu gehören grundlegende Eigenschaften wie Eigentum, Transport und einfache Zugangskontrolle.

ERC-20-Münzen sind fungibel. ERC steht für eine Sammlung von Standards, die Entwicklerinnen und Entwickler nutzen können, um den Prozess der Erstellung eines standardisierten Ethereum-basierten Tokens zu verbessern, und "20" ist die eindeutige Identifikationsnummer des Vorschlags.

ERC-20-Münzen sind Smart Contracts mit einer großen Flexibilität und Leistungsfähigkeit. Damit der Token mit anderen Token im Netzwerk kommunizieren kann, haben die Entwickler Regeln für das Protokoll definiert. Sie können als Aktienzertifikate, Kryptowährungen oder Zertifikate verwendet werden. ERC-20 unterscheidet sich von anderen Kryptowährungsstandards dadurch, dass er an Ethereum gebunden ist und nur innerhalb dieses Netzwerks verwendet werden darf. ERC-20 Token funktionieren ähnlich wie herkömmliche Kryptowährungen. Da ERC-20 nur mit der Ethereum-Blockchain kompatibel ist, werden bei Transaktionen Provisionen gestrichen und die Gasgebühren sind genau proportional zur Auslastung des Netzwerks.

Inzwischen gibt es mehr als 9 NFT-Standards, aber es reicht, wenn du dich auf die Standards ERC-20, ERC-172 und ERC-1155 konzentrierst und diese kennst.

Liquidität

Das Wort "Liquidität" wird auf dem Wertpapiermarkt verwendet. Es gibt an, wie schnell die Vermögenswerte eines Unternehmens in Geld umgewandelt werden können. Wenn es um den Wert eines Unternehmens geht, ist das ein entscheidender Punkt. NFTs sind Blockchain-Vermögenswerte, die die Form von einzigartigen Token haben, ähnlich wie Aktien eines Unternehmens. NFTs werden verwendet, um die digitale Identität eines Produkts, eines Kunstwerks, einer Musik oder eines anderen kreativen Werks zu repräsentieren, das von seinen Urhebern auf der Blockchain veröffentlicht wird. Der Token ist ihre Transaktionseinheit.

NFTs hingegen sind nicht nur Wertmarken. Sie sind mit Komponenten der Gemeinschaft und Kultur verbunden. Der Wert oder die Knappheit eines NFTs wird von der Gemeinschaft bestimmt (wie bei jedem anderen Vermögenswert auch). Gleichzeitig ist der Besitz ein kulturelles Statement und ein Mittel, um Geld anzuhäufen. Um die Gewinnchancen zu beschleunigen ist jedoch ein Handelsvolumen auf einem zentralisierten Markt erforderlich, auf dem jeder Käufer jedes NFT mit einer standardisierten Währung kaufen kann.

Die Größe des Netzwerks, das Volumen der stattfindenden Transaktionen und die systemeigene Liquidität beeinflussen die Netzwerkliquidität. Dies ist eine wichtige Komponente, die den

Preis von NFTs beeinflusst, denn die Preisstabilität von NFTs (oder jedem anderen Vermögenswert) verbessert sich mit zunehmender Liquidität. Wenn ein NFT auf eine einzige Blockchain beschränkt ist, kann es nur eine bestimmte Anzahl von Transaktionen geben, was theoretisch einer Preissteigerung des NFT oder einer Verbesserung der Preisstabilität entgegenwirkt.

Forscher gehen davon aus, dass insbesondere die extrem schnelle Handelbarkeit von nicht-fungiblen Vermögenswerten zu einem Anstieg der Liquidität führen kann. Der NFT-Marktplatz kann ein breites Publikum ansprechen, von seriösen Tradern bis hin zu weniger erfahrenen Händlern, sodass die Vermögenswerte für mehr Käufer verfügbar sind. So wie der ICO-Boom im Jahr 2017 eine neue Klasse von Vermögenswerten mit sofortiger Liquidität hervorbrachte, erweitern NFTs den einzigartigen Marktplatz für digitale Vermögenswerte.

Rückverfolgbarkeit

Jeder NFT hat einen Transaktionsdatensatz in der Blockchain, von der Erstellung bis zur Übertragung. Jeder Token ist verifizierbar, um seine Echtheit zu beweisen und Betrug zu verhindern - was für Eigentümer und potenzielle Käufer entscheidend ist. Da die öffentlichen verteilten Ledger dezentralisiert und unveränderlich sind und die Aufzeichnungen über die Ausgabe, Übertragung und Aktivität von Token öffentlich verifiziert werden können, können Käufer/innen die Echtheit eines bestimmten NFT überprüfen.

Ein spannendes Anwendungsgebiet ist hier die gesamte Lieferkettenlogistik, die von einer Blockchain-basierten NFT-

Technologie profitieren kann. Sie wird dazu beitragen, das Rückverfolgbarkeitsmanagement viel präziser zu machen. NFTs helfen dabei, Fälschungen zu bekämpfen, Produktbewegungen in der Lieferkette zu verfolgen und die Echtheit von Produkten zu gewährleisten. Das gilt auch für die Liefernetzwerke in der hochwertigen Bekleidungsindustrie. In Branchen wie der Automobilindustrie können NFTs auch Informationen über jedes Material und jede Komponente in einem Produkt liefern. Das kann auch bei der Kostenreduzierung helfen. Unternehmen, die die Verwendung wiederverwendbarer und nachhaltiger Materialien verfolgen wollen, könnten NFTs einsetzen und so deren Ursprung garantieren.

Knappheit

Im Internet ist Knappheit bekanntermaßen schwer zu erreichen. Es ist viel zu einfach, dass Inhalte kopiert, geklont, geteilt und verbreitet werden. Das ist etwas, das vermutlich jeder von uns kennt. Es ist überraschend einfach, Material online zu kopieren, auch Kunstwerke, was zu einer Fülle von Medien führt, die uns mit digitaler Kunst konfrontiert, uns aber daran hindert, ihr einen Wert beizumessen. Damit NFTs für Käufer attraktiv sind, sollten sie rar sein. Dies kann nicht nur die langfristige Entwicklung von verschlüsselten Gütern sicherstellen, sondern birgt auch nicht die versteckte Gefahr eines knappen Angebots. NFTs besitzen eine maximale Stückzahl, was ihren Wert häufig rechtfertigt.

NFTs sind auch unbestreitbar einzigartig. Wenn ein Nutzer auf der Blockchain ein NFT prägt (erstellt), tut er dies für eine bestimmte Anzahl von Token. Aus diesem Grund werden NFTs häufig als

"1x1" oder "1x100" bezeichnet, was darauf hinweist, wie selten sie im Vergleich zu der Anzahl der identischen NFTs sind, die bei dieser Prägung produziert wurden. Diese Nummer kann nach der Ausgabe nicht mehr geändert werden, und es wird unwiderruflich bestätigt, dass diese Sammlung von Vermögenswerten zu einem bestimmten Zeitpunkt von diesem Schöpfer stammt. Es wird öffentlich und unwiderruflich nachweisbar sein, welche NFTs Teil des ursprünglichen Sets waren und welche Teile späterer Sets nachträglich erstellt wurden. Wenn diese NFTs in einem öffentlichen Netzwerk wie Ethereum veröffentlicht werden, kann jeder auf die Informationen zugreifen, wodurch die Kosten und Schwierigkeiten beim Nachweis der Legitimität, Originalität, Einzigartigkeit und des Eigentums an bestimmten Vermögenswerten gesenkt werden.

NFTs können unter Sammlern und Kunstgruppen getauscht werden, nachdem sie von Künstlern geprägt und von Sammlern verkauft wurden, genau wie auf jedem anderen Sekundärmarkt.

Unteilbarkeit

NFTs können für Transaktionen nicht in Teile zerlegt werden. Genauso wie eine halbe Konzertkarte nicht in zwei Hälften verkauft werden kann, können NFT nicht in kleinere Stückelungen unterteilt werden. Ein fungibler Vermögenswert ist ein Vermögenswert, der mit jeder anderen gleichartigen Einheit dieses Vermögenswertes austauschbar ist. Zum Beispiel ist ein Bitcoin (BTC) dasselbe wie jeder andere Bitcoin im Umlauf - das Gleiche gilt für Dollar, Euro oder Ether (ETH). Fungible Assets sind außerdem teilbar, d.h. sie können in kleinere Einheiten aufgeteilt werden, die dieselben

Eigenschaften haben. Fungible Assets sind im Wesentlichen nicht voneinander zu unterscheiden. Diese Eigenschaften sind entscheidend dafür, dass ein Vermögenswert als Zahlungsmittel eingesetzt werden kann.

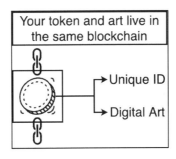

Abbildung 4: Unteilbarkeit eines NFT (eigene Darstellung)

Dieses Konzept wurde nun versucht auf den nicht fungiblen Token Bereich anzuwenden. Dank des sog. Fractional Ownerships (Bruchteilseigentums) können nun mehrere Nutzer/innen NFTs besitzen, die einen Anteil an realen Vermögenswerten darstellen. Fractional Ownerships sind zum Beispiel ein potenzieller Aspekt für die Immobilienbranche, wo NFT-Inhaber/innen einen Teil des Eigentums an verschiedenen Arten von Vermögenswerten ausüben können. Stell dir ein Szenario vor, in dem mehrere Parteien NFTs besitzen, die das Eigentum an einer Ferienanlage repräsentieren. Die verschiedenen Parteien können Vereinbarungen über die Nutzung der Ferienanlage aushandeln und die Bedingungen in ihre NFTs aufnehmen. Auf diese Weise kann Fractional Ownership die Illiquiditätsprobleme, die durch die Unteilbarkeit von NFTs entstehen, mildern.

WICHTIGE FACHBEGRIFFE DER NFTS

Im Rahmen des Buches werden einige spezifische Fachbegriffe verwendet, die du unbedingt kennen solltest und die im folgenden Kapitel erläutert werden.

Gasfee

Die Gas Fee (Gas Gebühr) ist die sog. Miner Fee oder auch Transaktionsgebühr im Ethereum Netzwerk, die dafür fällig wird, dass die Blöcke von den Minern auf der Blockchain bestätigt werden. Das dahinterstehende Prinzip des "Proof of Work" beschreibe ich als nächstes weiter unten. Die Gas Fee entspricht der Gebühr, die an den Miner gezahlt wird.

Wenn wir Geld auf der Ethereum-Blockchain überweisen, muss der Miner unsere Transaktion verpacken und auf die Blockchain stellen, um die Transaktion abzuschließen. Bei diesem Vorgang verbraucht er die Rechenressourcen der Blockchain, wofür du etwas bezahlen musst. Auf den meisten NFT-Märkten müssen wir Gasgebühren für den Kauf und Verkauf von NFTs und für das minten, dem Erstellen von NFTs bezahlen.

$$Gas\ Fee = Gas\ Limit\ (limit)\ x\ Gas\ Price\ (price)$$

Der Gaspreis bezieht sich auf die Menge an "Gwei", die die Geschwindigkeit beeinflusst, mit der deine Transaktionen von den

Minern verpackt und auf der Blockchain abgelegt werden. Wenn du den Gaspreis höher einstellst, haben die Miner einen größeren Anreiz, deine Transaktion zu verpacken; wenn der Gaspreis dagegen niedriger eingestellt ist, dauert es länger. Wenn du es nicht eilig hast, ein Geschäft abzuschließen, kannst du Geld sparen, indem du einen niedrigeren Gaspreis wählst. Gwei ist eine Ausprägung der Kryptowährung Ether (ETH), die im Ethereum-Netzwerk verwendet wird.

Der Standardwert des Gaslimits ist für verschiedene Zeiträume und verschiedene Vorgänge unterschiedlich, und du kannst das Gaslimit beim Betrieb selbst festlegen. Es ist zu beachten, dass die Anzahl der Gaseinheiten, die zum Abschluss eines Vorgangs benötigt werden, von der Komplexität des Vorgangs abhängt. Je komplexer ein Vorgang ist, desto mehr Rechenressourcen muss er verbrauchen und desto mehr Gas muss er ausgeben. Der Preis wird in kleinen Bruchteilen der Kryptowährung Ether (ETH) angegeben, die gemeinhin als Gwei bezeichnet wird und manchmal auch Nanoethics genannt wird.

MetaMask

MetaMask ist eine elektronische Geldbörse, die als Krypto-Wallet und Gateway zu Blockchain-Apps fungiert. Sie hat hauptsächlich zwei Funktionen. Die erste Funktion ist eine Brücke für dezentrale Anwendungen, die auf Ethereum laufen, und die zweite Funktion ist eine Ethereum-Wallet. Sie ist als Browser-Erweiterung und als mobile App verfügbar.

Blockchain ist nicht nur stolz auf seine Privatsphäre, sondern auch auf seine Sicherheit. Bislang gilt Blockchain als sehr sicher, wenn man ein paar Dinge beachtet. Derzeit unterstützt MetaMask keine 2FA (Zwei-Faktor-Authentifizierung). Andererseits bietet MetaMask andere solide Möglichkeiten, sich anzumelden, wie Verschlüsselung, QR-Code-Integration, Phishing-Erkennung und eine sichere Seed-Phrase. Du musst dir keine Sorgen um die Sicherheit machen, sondern nur darum, wie und wo du die MetaMask richtig einsetzt und dein Passwort nicht vergisst. Das Kapitel "Eine Ethereum-Adresse auf MetaMask erstellen" zeigt dir die Schritte, die du durchführen musst, um dein eigenes MetaMask-Konto zu erstellen.

Was ist ein digital Ledger?

Digital Ledger, besser bekannt als Distributed Ledger Technology (DLT), bezeichnet eine technische Infrastruktur und ein Protokoll, das den gleichzeitigen Zugriff, die Überprüfung und die Aktualisierung von Datensätzen auf unveränderliche Weise über ein Netzwerk ermöglicht, das über mehrere Einheiten oder Standorte verteilt ist.

DLT, gemeinhin als Blockchain-Technologie bezeichnet, wird von Bitcoin angetrieben und ist aufgrund ihres Potenzials in allen Branchen und Sektoren mittlerweile ein Schlagwort in der Tech-Welt. Einfach ausgedrückt ist die Distributed-Ledger-Technologie ein "dezentrales" Netzwerkkonzept, das sich gegen die traditionellen zentralisierten Mechanismen richtet.

Distributed Ledger Technology (DLT) ist ein Protokoll, das den sicheren Betrieb von dezentralen digitalen Datenbanken ermöglicht. Ein verteiltes Netzwerk macht eine zentrale Instanz zur Kontrolle von Manipulationen überflüssig. DLT ermöglicht die sichere und genaue Speicherung aller Informationen durch Verschlüsselungstechnologie. Der Zugriff ist auch mit einem "Schlüssel" und einer kryptografischen Signatur möglich. Sobald die Informationen gespeichert sind, werden sie zu einer unveränderlichen Datenbank und unterliegen den Regeln des Netzwerks.

Das Konzept der digital Ledger ist nicht ganz neu, und viele Organisationen verwalten Daten an verschiedenen Orten. Allerdings ist jeder Standort in der Regel mit einem zentralen System verbunden, das die einzelnen Standorte regelmäßig aktualisiert. Dadurch ist die zentrale Datenbank anfällig für Cyberkriminalität und es kann zu Verzögerungen kommen, da die zentrale Stelle jede entfernte Änderung aktualisieren muss.

DLT hat das enorme Potenzial, die Arbeitsweise von Regierungen, Institutionen und Unternehmen zu revolutionieren. Sie kann der Regierung bei der Erhebung von Steuern, der Ausstellung von Pässen, der Registrierung von Grundstücken und Genehmigungen, der Auszahlung von Sozialleistungen und der Durchführung von Wahlen helfen. Die Technologie schlägt Wellen in Branchen wie dem Finanzwesen, der Musik- und Unterhaltungsindustrie, bei Diamanten und anderen wertvollen Vermögenswerten, Kunstwerken, Lieferketten für verschiedene Rohstoffe und mehr.

Neben den Start-ups experimentieren auch viele große Unternehmen wie IBM und Microsoft mit der Blockchain-

Technologie. Einige der beliebtesten Distributed-Ledger-Protokolle sind Ethereum, Hyperledger Fabric, R3 Corda und Quorum.

Was ist PoS / PoW?

PoS, auch bekannt als Proof-of-Stake-Mechanismus, erzeugt neue Coins auf der Basis eines sog. Besitznachweises. Der Proof of Stake ist eine Art Konsensmechanismus, der zur Validierung von Kryptowährungstransaktionen verwendet wird. Bei diesem System können die Besitzer der Kryptowährung ihre Coins einsetzen, was ihnen das Recht gibt, neue Transaktionsblöcke zu prüfen und der Blockchain hinzuzufügen. Je mehr Coins du also hältst und je länger du sie hältst, desto größer sind die sogenannten Buchführungsrechte und die Anreizwahrscheinlichkeit, die du bekommst. PoS ist so, als würdest du Geld bei einer Bank einzahlen und die Bank berechnet für dich Zinsen auf der Grundlage der eingezahlten Menge an digitaler Währung und der Zeit, in der sie gehalten wird.

Der Proof-of-Stake-Mechanismus ist ein verbesserter Konsensmechanismus, der die Unzulänglichkeiten des Proof-of-Work-Mechanismus, auch PoW genannt, beheben soll. Im Gegensatz zum Proof-of-Work-Mechanismus, bei dem die Knoten kontinuierlich Hash-Berechnungen durchführen müssen, um die Gültigkeit der Transaktionen zu überprüfen, müssen die Nutzer/innen beim Proof-of-Stake-Mechanismus nachweisen, dass sie einen bestimmten Anteil an der digitalen Währung besitzen, also "Equity".

Der größte Unterschied zwischen dem PoS-Mechanismus und dem PoW-Mechanismus ist, dass beim PoS nur Personen, die digitale Währung besitzen, "minen" können, und zwar ohne viel Rechenleistung. Das schont wiederum die ressourcenintensiven Prozessorleistung im Bitcoin-Netzwerk und soll der Technologie zu einer umweltfreundlicheren Alternative verhelfen.

Für das gesamte digitale Währungsnetzwerk wird die digitale Währung, die dem Gründungsblock gehört, mit dem PoW-Mechanismus von Bitcoin "gemint", aber der Proof-of-Stake-Mechanismus wird von der Gründungswährung abwärts umgesetzt. Daher wird der Prozess der Blockerstellung im Rahmen des PoS-Mechanismus nicht als "Mining", sondern als "Minting" bezeichnet.

Der PoS-Mechanismus verändert den Mechanismus zur Bestimmung der PoW-Coinrate, die nicht von der Blockhöhe, sondern von der Schwierigkeit bestimmt wird. Wenn die Mining-Schwierigkeit steigt, sinkt die Coinrate. Verglichen mit dem Stufenfunktionstrend von Bitcoin ist die PoS-Kurve recht gleichmäßig, wodurch künstliche Schocks auf dem Markt vermieden werden.

Der Vorteil von PoS ist, dass die Zeit für die Konsensfindung bis zu einem gewissen Grad verkürzt wird und nicht so viel Energie für das Mining verbraucht wird. Der Nachteil ist, dass Token durch Kauf erworben werden müssen, was die Schwelle für normale Menschen senkt, Kryptowährungen zu erwerben. Proof-of-Stake minimiert den Rechenaufwand für die Validierung von Blöcken und Transaktionen und sorgt dafür, dass die Blockchain und damit eine Kryptowährung sicher bleibt. Das Verfahren ändert ebenfalls die Art und Weise, wie Blöcke mit den Rechnern der Coin-Besitzer bestätigt werden. Die Besitzer stellen ihre Münzen als Sicherheit zur Verfügung und erhalten dafür die Möglichkeit, Blöcke zu bestätigen. "Validierer" sind Coin-Besitzer, die ihre Coins als Pfand hinterlegt haben.

Der Block wird dann von zufällig ausgewählten Validierern "gemined" oder validiert. Anstatt ein wettbewerbsbasiertes Verfahren wie Proof-of-Work zu verwenden, wird bei diesem System nach dem Zufallsprinzip ausgewählt, wer "minen" darf.

NFT Staking

Das Staking oder auf Deutsch das Einsetzen / Einbringen von NFTs um Token-Belohnungen zu erhalten, bzw. das Einsetzen von Token für eine NFT-Auszahlung wird als NFT-Staking bezeichnet.

NFT-Staking ist eine neue Möglichkeit, passives Einkommen in der Kryptowelt zu erzielen. NFT-Inhaber können ihr Vermögen auf DeFi-Plattformen einsetzen, um Belohnungen zu erhalten, ohne dass sie ihre NFT-Sammlungen verkaufen müssen

Du kannst durch NFT-basierte Belohnungen zusätzliche Gewinne erzielen. Bis zum Aufkommen des NFT-Stakings waren NFTs fast ausschließlich digitale Sammlerstücke, die von kryptoaffinen Sammlern gekauft, getauscht und behalten wurden. Jetzt kann man mit NFTs auch Token verdienen, was den Nutzen und die Liquidität dieser neuen Form von digitalen Vermögenswerten erhöht.

NFT-Staking ist heute vor allem in Blockchain-Spielen verbreitet, in denen Spieler/innen Spielgegenstände im Tausch gegen Token einsetzen können oder umgekehrt.

Wenn du eine bestimmte Menge an Liquiditäts-Token auf der NFT Staking-Plattform einsetzt, werden die Token im Einsatzvertrag gesperrt, nicht aber ihr Wert. Zum Zeitpunkt des Einsatzes generiert das System eine neue NFT, die deinen gesperrten Inhalt kapselt. Was du einsetzt, wird in den Metadaten dieser NFT gespeichert. Du kannst dann auf den Markt gehen und diese NFT gegen den Marktwert des Liquid Pool-Tokens zusammen mit den aufgelaufenen Belohnungen eintauschen. Wenn der Eigentümer den NFT auflöst, indem er den NFT als Eigentumsnachweis "vorweist", wird der NFT verbrannt und das eingesetzte Geld und die nicht eingelösten Belohnungen zurück in seine Wallet übertragen.

Beim Staking werden Vermögenswerte gesperrt, um an der Validierung von Transaktionen auf Proof-of-Stake-Blockchains teilzunehmen, wobei eine finanzielle Belohnung in Form von verschiedenen Token erfolgt. Dies bietet eine Alternative zu digitalen Vermögenswerten, um im heutigen Niedrig- oder Negativzinsumfeld Rendite zu erzielen. Im Kapitel "Spiele NFT" wird das Verfahren am Pokerbeispiel detaillierter beschrieben.

Im Gegensatz zum traditionellen Staking, bei dem auf Native Stakes gezahlt wird, können Nutzer durch Token, NFT-Farming, sehr selten einen Vermögenswert erwerben, der aufgrund seiner Besonderheit und Knappheit eine perspektivische Rendite abwirft. Dabei handelt sich allerdings immer um Wetten in die Zukunft.

FIAT

Fiat-Geld ist eine Art von Währung die von der Regierung ausgegeben wird und nicht durch physische Rohstoffe, wie z. B. Gold, unterlegt ist. Der U.S. Dollar, der Euro und das Pfund sind Beispiele für Fiat-Geld. Es leitet sich vom lateinischen "fiat" "es gibt" ab.

Ledger

Eine Hardware-Wallet ist eine Geldbörse für Kryptowährungen, die die privaten Schlüssel des Nutzers (wichtige Informationen, die zur Autorisierung ausgehender Transaktionen im Blockchain-Netzwerk verwendet werden) in einem sicheren Hardware-Gerät speichert. Damit kannst du auf deine digitale Wallet wie z.B. MetaMask zugreifen. Das Hauptprinzip von Hardware-Wallets besteht darin, eine vollständige Isolierung zwischen den privaten Schlüsseln und deinem leicht zu hackenden Computer oder Smartphone herzustellen. Als Standard in der Kryptoszene hat sich die Firma ledger etabliert. Ich empfehle auch nur auf deren Website die Artikel direkt zu bestellten: www.ledger.com.

Minting

Das "Minting" eines NFT ist, vereinfacht ausgedrückt, die einmalige Veröffentlichung deines Tokens auf der Blockchain, um ihn käuflich zu machen. Übersetzt bedeutet der Begriff so viel wie Prägung und referenziert den Erstellungsprozess einer Münze oder eines Gemäldes. Dieser Prozess wird auch als "Drop" bezeichnet. Um eine möglichst große Aufmerksamkeit zu generieren, erfolgt der Drop in vorher angekündigten Zeiträumen. Gut informierte Investoren können über dieses Verfahren günstige Geschäfte machen, da die NFTs erst anschließend auf dem Sekundärmarkt zu Marktpreisen gehandelt werden. Ein solcher Zweitmarkt ist z.B. die Plattform OpenSea.

Web3

Web2 bezieht sich auf die bisherige Version des Internets. Ein Internet, das von Unternehmen dominiert wird, die Dienstleistungen im Austausch für deine persönlichen Daten anbieten. Web3 bezieht sich im Zusammenhang mit Ethereum auf dezentralisierte Apps, die auf der Blockchain laufen. Das sind Apps, an denen jeder teilnehmen kann, ohne dass seine persönlichen Daten zu Geld gemacht werden. Beispielsweise wären Web3 Tweets unzensierbar, weil die Kontrolle dezentralisiert ist, Web3 Bezahl-Apps benötigen keine persönlichen Daten und können Zahlungen nicht verhindern, wie im klassischen Bankenumfeld, wo die Bank den Single Source of Truth darstellt. Außerdem können Web3-Server nicht ausfallen - sie nutzen Ethereum, ein dezentrales Netzwerk aus 1000en von Computern, als Backend.

UNTERSCHIED FIAT, KRYPTO UND NFT?

Auch wenn die beiden Begriffe oft in demselben Zusammenhang genannt oder manchmal sogar vermischt werden, handelt es sich um zwei verschiedene Welten. Der Hauptunterschied ist, dass NFTs im Gegensatz zu Kryptowährungen nicht gehandelt oder durch andere ersetzt werden können.

Zum Beispiel haben die 1-Bitcoins, die Herr A hat, und die 1-Bitcoins, die Herr B hat, den gleichen Wert und sind "ersetzbar", d.h. sie können getauscht werden. Auf der anderen Seite bedeutet "unersetzlich", dass es dasselbe nicht gibt, z. B. ein einzigartiger Gegenstand wie das signierte T-Shirt eines Goldmedaillengewinners.

Die Hauptidee hinter Kryptowährungen ist es, ein neues Geldsystem zu schaffen, das nicht von einer kleinen Gruppe von Menschen kontrolliert wird, die hinter verschlossenen Türen Entscheidungen treffen, sondern ein System, das als Ganzes für alle, die investieren, funktioniert und leicht überwacht werden kann. Bitcoin war die erste große Blockchain-Innovation. Es war auch das erste globale Geld, eine Währung, die leicht zwischen Ländern gehandelt werden kann, ohne dass Wechselkurse nötig sind. In einer zunehmend globalisierten Gesellschaft ist dies von unschätzbarem Wert. Der einzige Unterschied besteht darin, dass du nicht zu einer Bank gehst, sondern dein Geld auf einer sehr sicheren Website wie Coinbase, Robinhood oder Metamask eintauschst. Diejenigen unter euch, die Bedenken wegen des digitalen Geldtransfers haben, sollten bedenken, dass auch herkömmliche Banken ihr Geld in digitaler Form aufbewahren und anfällig für Hackerangriffe sind. Traditionelle Banken haben den Vorteil, dass sie versichert sind. Kryptowährungen hingegen sind wesentlich sicherer, weil sie auf der Blockchain aufgebaut sind und jede einzelne Interaktion aufgezeichnet wird. Das bedeutet mehr Schutz und eine geringere Gefahr, gehackt zu werden, sowie die Möglichkeit, einen Hacker aufzuspüren. Ethereum war der nächste Schritt in der Entwicklung der Blockchain. Ethereum ist eine Kryptowährung, die auch als Plattform für Entwickler/innen dient, um "intelligente Verträge" zu erstellen. Diese Smart Contracts sind Code-Pakete, die mit einem digitalen Vermögenswert verknüpft sind und bestätigen, dass der Vermögenswert eindeutig identifizierbar, nachvollziehbar und überprüfbar ist. Diese Verträge sind unhackbar und unkopierbar und können für alles Digitale verwendet werden. Smart Contracts sind an alle NFTs (non fungible tokens) gebunden. NFTs sind lediglich Dinge, die im Austausch gegen Kryptowährung, meist Ethereum, erworben werden können. Anders ausgedrückt: Kryptowährung ist das neue Geld, und NFTs sind die digitalen Güter, die man damit kaufen kann.

Gleichzeitig ist auch jeder NFT anders, was ihn von fungiblen Token (wie digitalen Währungen und Kryptowährungen) unterscheidet, die ohne Wertverlust miteinander gehandelt oder getauscht werden können.

Obwohl die Kryptowährungen und NFTs dezentralisiert sind, haben die meisten ihrer jeweiligen Gemeinschaften Regeln aufgestellt. Eine Gemeinsamkeit zwischen den beiden ist, dass beide auf der

Blockchain basieren und jede Transaktion transparent ist. Jeder Nutzer kann jede Transaktion eines anderen Nutzers sehen, da jede Transaktion im öffentlichen Blockchain-Netzwerk gespeichert ist.

Im Vergleich dazu ist zentralbankgestütztes digitales Bargeld nicht für jeden sichtbar und transparent, sondern wird in den jeweiligen Rechenzentren der Banken gespeichert. Ähnlich wie bei Kryptowährungen wie Bitcoin sind CBDCs (Central Bank Digital Currency; Zentralbankgeld) datenbasiert und existieren nicht in der realen Welt. Im Gegensatz zu Kryptowährungen und NFTs sind CBDCs staatlich gestützt, was bedeutet, dass sie eher als Währungen angesehen werden, die Einzelpersonen zum Kauf von Waren und Dienstleistungen verwenden können.

GESCHICHTE DER NFTS

Das Konzept von NFT wurde von Dieter Shirley, dem Gründer und CTO von CryptoKitties, im Jahr 2017 offiziell vorgeschlagen. In jenem Jahr, als Bitcoin in der massiven Krypto-Hausse auf 63,000 Dollar stieg, wurde das Krypto-Katzenspiel schnell populär.

Im Sommer 2017 waren der ERC20-Token-Standard und ERC20-basierte 1C0 besonders beliebt. Nach der Einführung von CryptoKitties fragten viele Nutzer/innen, wie Dieters CryptoKitties mit ERC20 interagieren. Es wurde vermutet, dass CryptoKitties und ERC20 aufgrund des in CryptoKitties verwendeten Protokolls möglicherweise nicht miteinander kompatibel sind. Obwohl das formale Konzept der NFT von Dieter im Jahr 2017 vorgeschlagen wurde, sind ähnliche Konzepte und Anwendungen, die auf NFT basieren, schon früher entstanden. Das Verständnis der historischen Entwicklung von NFTs wird dir helfen, den Wert und die Anwendung von NFTs zu verstehen.

1993 Krypto Trading Cards:

Das Konzept von NFT und seinem Vorgänger lässt sich bis zu den Crypto Trading Cards im Jahr 1993 zurückverfolgen. Kurz gesagt: 1993 teilte Hal Finney (der erste Kryptograf, der Satoshi's Bitcoin erhielt) ein interessantes Konzept:

"Ich bin daran interessiert, digitales Bargeld zu kaufen und zu verkaufen. Mit ein bisschen mehr Nachdenken habe ich eine Möglichkeit gefunden, das zu zeigen. Wir kaufen und verkaufen Krypto-Tauschkarten. Liebhaber der Kryptografie werden diese faszinierenden Beispiele kryptografischer Kunst lieben. Beachte, dass es sich um eine perfekt kombinierte Präsentationsform handelt - eine Mischung aus Einwegfunktionen, digitalen Signaturen und Zufallsverblendung. Ein perfektes Stück, um es zu bewahren und deinen Freunden und deiner Familie zu zeigen. "

Dies ist vielleicht die früheste Ausarbeitung und Idee über NFT, die wir erfragen können. Auch bei den heutigen NFTs basiert die Logik auf Verschlüsselung und Mathematik. Die Karten wurden dann zufällig zu einer Reihe von Kartensätzen zusammengestellt, die Hal als verschlüsselte Karten bezeichnet.

2012 ColoredCoin:

Im Jahr 2012 wurde der erste NFT-ähnliche Token Colored Coin geboren. Colored Coins bestehen aus Bitcoins mit kleinem Nennwert, wobei die kleinste Einheit ein Satoshi (die kleinste Einheit von Bitcoin) ist. Sie können eine Vielzahl von Vermögenswerten repräsentieren und eine Vielzahl von Verwendungszwecken haben, z. B. Eigentum, Gutscheine, die Ausgabe von Unternehmensanteilen und mehr. Obwohl es noch viele Mängel im Design von ColoredCoins gibt, zeigten sie die Plastizität und das Entwicklungspotenzial von realen Vermögenswerten auf der Blockchain, was den Grundstein für die Entwicklung von NFTs legte. Die Colored Coins sind im Grunde genommen normale Bitcoins, allerdings mit einer eindeutigen Signatur zur Identifizierung. Das Konzept hat sich jedoch aufgrund bestimmter Einschränkungen bei Bitcoin nie durchgesetzt.

2014 Counterparty-colored coins:

Die Geburt der Counterparty-colored coins hat vielen Menschen das große Potenzial der Ausgabe von Vermögenswerten auf der Blockchain vor Augen geführt. Counterparty wurde 2014 von Robert Dermody, Adam Krellenstein und Evan Wagner gegründet. Es handelt sich um eine Peer-to-Peer-Finanzplattform mit einem verteilten Open-Source-Internetprotokoll, das auf der Bitcoin-Blockchain aufbaut. Counterparty unterstützt die Erstellung von Vermögenswerten und verfügt über eine dezentrale Börse, die Vertragswährung XCP (das native Token von Counterparty) und viele Projekte und Vermögenswerte, darunter Kartenspiele und Meme-Transaktionen. Was zum Aufstieg von NFT beigetragen hat, sind die so genannten "Rare Pepes", die auf Counterparty erstellt wurden - das ist das mittlerweile beliebte Meme "Sad Frog", das in eine NFT-Anwendung umgewandelt wurde. Eine Illustration des Rare Pepe findest du in Abbildung 5.

Abbildung 5: Seltener Pepe NFT

Dieses Meme wird dir bestimmt schon einmal über den Weg gelaufen sein und du warst dir dessen Bedeutung vermutlich nie bewusst.

Juni 2017 CryptoPunks:

Im Jahr 2017, als das Ethereum-Ökosystem begann, seine Kraft zu entfalten, kamen zufällig zwei Entwickler, die nicht in der Kryptowährungsbranche tätig waren, mit mehr als 10.000 Pixel-Avataren in dieses Ökosystem. Dies führte zur Entwicklung des weltweit ersten NFT-Projekts - CryptoPunks. John Watkinson & Matt Hall, die ursprünglich Entwickler von mobilen Apps waren, erstellten Anfang 2017 einen Pixel-Charakter-Generator und kreierten eine Menge cooler Pixel-Charakter-Avatare, während sie darüber nachdachten, wie sie diese Avatare weiter entwickeln könnten. Zu dieser Zeit wurden sie auf die Blockchain und Ethereum aufmerksam, das durch den ERC20-Token-Standard allmählich an Popularität gewann. Also beschlossen sie, diese Pixel-Avatare auf die Blockchain zu setzen, damit diese sehr persönlichen Pixel-Avatare durch die Eigenschaften der Blockchain verifiziert werden können und sie anderen gehören oder von anderen auf andere übertragen werden können.

Da das ERC-721- oder ERC-1155-Token-Protokoll speziell für den NFT-Bereich noch nicht geboren war, nahmen die beiden entsprechende Änderungen am ERC20-Standard vor und brachten diese punkigen Pixel-Avatare schließlich erfolgreich auf die Ethereum Blockchain.

Den CryptoPunks wird sogar zugeschrieben, dass sie als einer der ersten NFT-Projekte das Feld der NFTs überhaupt erst bestellt haben. Im Grund handelt es sich allerdings weiterhin nur um irgendwelche abstrakten Avatare, die plötzlich für mehrere Hunderttausend Dollar gehandelt wurden. In der Kunstwelt ist das jedoch keine Besonderheit. Laut Dr. Gad Saad liegt der Grund *"ein 100 Millionen Euro Gemälde zu kaufen, das ein Affe hätte malen können ausschließlich darin zu zeigen, wie wohlhabend ich bin. Es zeigt, dass ich es mir leisten kann 100 Millionen Dollar zu verschwenden."*

Wenn du dich also in der Kunstwelt nur etwas umschaust, wirst du feststellen, dass viele Objekte erstmal keinen intrinsischen Wert aufweisen. Oder welchen Wert hat eine Banane, welche mit Klebeband an einer Wand befestigt wurde? An der Art Basel Miami Beach, einem Messe-Ableger der Art Basel, wurde dieses "Kunstwerk" mit Namen "Comedian" für 120.000 Dollar verkauft.

Oktober 2017 CryptoKitties:

Da das innovative Projekt CryptoPunks auf Ethereum finanziert wurde, eröffnete dieser nicht-fungible Token einen neuen Trend. Inspiriert von CryptoPunks hat das Team von Dapper Labs den ERC-721 Token-Standard speziell für die Entwicklung nicht-fungibler Token eingeführt. Das Team von Dapper Labs hat ein Krypto-Kätzchen-Spiel namens CryptoKitties ins Leben gerufen, eine digitale Katze. Sie sind alle einzigartig und ihr Wert kann nicht repliziert werden. Das führt zu der Tatsache, dass die Knappheit den Wert maximierte. Die Innovation von CryptoKitties und die damit verbundene Leistung machten CryptoKitties schnell beliebt und zum Mainstream auf dem NFT-Markt.

2018-2019 Back to the roots:

In den Jahren 2018 und 2019 erlebte das NFT-Ökosystem ein massives Wachstum. Zu diesem Zeitpunkt gab es mehr als 100 Projekte in diesem Bereich, und viele weitere waren in Arbeit. Angeführt von OpenSea und SuperRare, boomte der NFT-Markt. Obwohl die Handelsvolumina im Vergleich zu anderen Kryptowährungsmärkten zu dieser Zeit noch gering waren, wuchsen sie in rasantem Tempo und machten große Fortschritte. Als Web3-Wallets wie MetaMask immer besser wurden, wurde es einfacher, dem NFT-Ökosystem beizutreten. Inzwischen gibt es einige Websites, die sich mit den NFT-Marktkennzahlen befassen, Leitfäden für Spiele erstellen und Standardinformationen über den Markt bereitstellen.

Im Jahr 2020 Der Ausbruch:

Nach der Epidemie beschlossen die Regierungen verschiedener Länder, darunter Europa und die Vereinigten Staaten, Geld auszugeben, um die Wirtschaft anzukurbeln. Kurzfristig verlor der traditionelle Aktien- oder Investitionsplan an Attraktivität, und immer mehr Menschen wurden mutiger, was Risikokapital angeht, und wandten sich dann neuen Möglichkeiten zu. Die öffentliche FLOW-Blockchain (Hochleistungs-Blockchain speziell für die Schaffung von NFT) wurde ins Leben gerufen, und aus der Kombination von NFT und DeFi entstand GameFi - ein weiterer sehr spannender Wachstumsbereich, den wir uns ansehen werden.

Im selben Jahr trat der Digitalkünstler Beeple zu Tage. Er hatte seit 2007 jeden Tag ein Bild gezeichnet und schließlich 5.000 Bilder zu einer 316 MB großen JPG-Datei zusammengefügt und diese als NFT verkauft. Das Werk heißt "Everydays: The first 5000 Days" und ist über 14 Jahre entstanden. Es wurde schließlich auf der berühmten britischen Auktionsplattform Christie's für 69,34 Millionen Dollar verkauft. Wenn du dich dafür interessierst, wie das Originalfoto aussieht, kannst du die Auktion über diesen QR-Code finden. Und vergiss nicht, rightclick and save ;)

Abbildung 6: QR-Code zu Beeple, Everydays: The first 5000 Days.

Nach der Rekordauktion von Beeple haben Zion Lateef Williamson, Takashi Murakami, Snoop Dogg, Eminem, der

Twitter-CEO Jack Dorsey, Edward Snowden, Paris Hilton, Yao Ming und andere Prominente und Künstler NFTs über verschiedene NFT-Plattformen veröffentlicht und damit die NFTs erneut ins Rampenlicht der Öffentlichkeit gebracht.

2021 GameFi:

Mitte des Jahres schnellten die Umsätze des NFT-Spiels Axie Infinity in die Höhe. Nach Angaben von CryptoSlam überstieg das kumulierte Transaktionsvolumen des NFT-Spielprojekts Axie Infinity am 7. August die Marke von 1 Milliarde Dollar und lag damit in Bezug auf das Transaktionsvolumen an erster Stelle auf dem NFT-Markt. Der schnelle Aufstieg von Axie Infinity hat die rasante Entwicklung des gesamten NFT-Marktsektors nochmal zusätzlich beschleunigt. Wenn du dir schließlich das Suchvolumen in Abbildung 7 bei Google anschaust, kannst du feststellen, dass das Interesse an NFTs derzeit am größten ist, auch wenn es seit Anfang 2022 wieder etwas abgeflacht ist. Wenn du das Buch gelesen hast, kannst du dir gerne noch einmal das Google Trend Ranking ansehen und analysieren, was sich seither verändert hat.

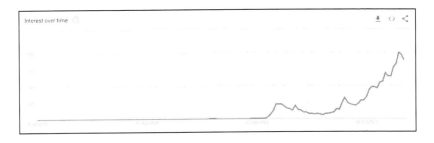

Abbildung 7: NFT-Interesse (Suchvolumen) im Laufe der Zeit

NFT TOKEN MARKT

Aktuelle Marktgröße

Der Markt für NFT-Token ist noch klein und etwas schwieriger zu messen als der Kryptomarkt, da es keine so hohe Liquidität der Vermögenswerte gibt. Diese Analyse konzentriert sich deshalb auf das sekundäre Handelsvolumen, d.h. auf die p2p-Tokenverkäufe, die als Indikator für den Markt dienen. Der Index schätzt das Volumen des Sekundärmarktes auf etwa 2 bis 3 Millionen Dollar pro Monat und seit dem Jahr 2020 sind einige spezifische Projekte sehr stark gewachsen. Laut dem Portal NFT Go ist die Marktkapitalisierung innerhalb des Jahres 2021 auf 2022 sogar von 95 Millionen auf 16,5 Milliarden Dollar explodiert.

Marktwachstum

Das Nutzerwachstum der NFTs lässt sich an der Menge der Sendungen, den Preisen und der Anzahl der Käufe und Verkäufe ablesen. Nach der CryptoKitties-Blase Ende 2018 wächst die Zahl der dedizierten Konten, die mit dem NFT-Ökosystem interagieren, langsam aber stetig: Von 8.500 Konten im Februar 2018 auf über 20.000 Konten im Dezember 2019. Diese Tatsache deutet darauf hin, dass in Zukunft ein weiteres starkes Wachstum möglich ist.

Gleichzeitig scheint es, dass der Markt von der Hauptgruppe der erfahrenen Nutzer/innen angetrieben wird. Laut OpenSea beläuft sich der Verkaufswert des Median (also der mittlere Wert) der Verkäufer auf lediglich 71 Dollar, während der durchschnittliche Verkäufer NFTs im Wert von 1.178 Dollar verkaufte. Die wichtige

Erkenntnis für dich daraus lautet, dass das auf eine große Anzahl von Powersellern hindeutet, die den Markt im Durchschnitt auf solch hohe Bewertungsmaßstäbe heben. Dadurch ist noch viel Spielraum vorhanden, wenn weitere Personen dem NFT Markt eintreten.

Ein weiteres Kriterium, um die Größe und Entwicklungsgeschwindigkeit des Marktes zu bewerten, ist das Interesse von Entwicklern in diesem Bereich. Das könnte als eine Art "Frühindikator" herangezogen werden. Dabei fällt auf, dass die Zahl der Smart Contracts, die mit dem ERC-721 Standard erstellt wurden, ebenfalls exponentiell gestiegen sind.

Weiterhin steigt die Nachfrage nach dezentralen Marktplätzen, was wiederum die Markteinnahmen erhöht. Aufgrund der langen Zeit der sozialen Isolation und des Mangels an menschlichen Kontakten, die durch die Covid-19-Epidemie verursacht wurden, waren viele Menschen ans Homeoffice gebunden und suchten darin nach alternativen Möglichkeiten, soziale Beziehungen aufrechtzuerhalten. Infolgedessen haben sich viele Menschen Online-Communities angeschlossen um zumindest etwas soziale Interaktion zu besitzen und sind dabei auf die NFT aufmerksam geworden.

Verkaufsmechanismen

Derzeit werden NFT-Netzwerke auf dezentralen Börsen hauptsächlich gegen ETH gehandelt. Überraschenderweise gibt es nur wenig Handel mit stabilen anderen Cryptowährungen wie DAI oder USDC. Dies geht auf die starke Ethereum Dominanz und die Probleme beim Kauf dieser Währungen zurück.

NFTs lassen sich über digitale Plattformen natürlich auch wieder verkaufen. Für den Verkauf von Objekten werden Auktionsmechanismen und Festpreise bei digitalen Plattformen verwendet. Bei sehr teuren Kunstwerken werden auch antiquierte Aktionshäuser wie Sotheby's oder Cristie's zu Rate gezogen. Je nach Objekttyp eignet sich entweder das sog. holländische oder englische Verfahren. Im Kapitel "Feinabstimmung deiner Auktion" zeige ich dir die verschiedenen Auktionsmechanismen.

Bei der Betrachtung der Verkaufsmechanismen ist ebenfalls interessant, ob sich die Interessen der Teilnehmer an verschiedenen NFT-Projekten überschneiden. Sind die verschiedenen Gemeinschaften relativ isoliert voneinander (Gods Unchained-Spieler spielen nur Gods Unchained) oder gibt es einen Austausch zwischen ihnen? Kann ein CryptoKitties-Fan eine Ethereum Name Service (ENS) Domain besitzen und gleichzeitig an einem digitalen Kunstprojekt teilnehmen? OpenSea Research fand heraus, dass viele NFT-Nutzer über verschiedene Projekte miteinander verbunden sind und sich auf einige wenige große Plattformen konzentrieren. Außerdem gibt es Tausende von Adressen, die zwei verschiedene NFTs im Spiel haben.

BESTEHENDE NFT-BLOCKCHAINS

Angesichts der Vielfalt der heutigen Blockchains wird es immer schwieriger, die Blockchain auszuwählen, die sich am besten als Grundlage für NFT-Aktivitäten eignet. Bevor du einen eigenen NFT erstellst, möchte ich dir zeigen, woran du eine gute NFT-Plattform erkennen kannst.

Dazu lassen sich verschiedene Kriterien berücksichtigen, darunter Transaktionskosten, Smart-Contract-Fähigkeiten, Konsensmechanismen und Transaktions-geschwindigkeiten, die wir uns jetzt ansehen.

Transaktionsgeschwindigkeit

Die Transaktionsgeschwindigkeit der Blockchain spielt eine große Rolle für den Gesamterfolg einer NFT-Kampagne. Einige Blockchains haben eine höhere Transaktionsgeschwindigkeit, d.h. sie können mehr Transaktionen pro Sekunde durchführen, während andere eher langsamer sind.

Außerdem hat die Transaktionsgeschwindigkeit einen großen Einfluss auf die Transaktionskosten. Beispielsweise müssen der Sender und Empfänger bei einer Blockchain mit niedrigem Durchsatz höhere Gebühren bezahlen, wenn sie sicherstellen wollen, dass ihre Transaktion zügig ausgeführt wird.

Transaktionskosten

Nicht alle NFT-Kunstwerke werden zu exorbitanten Preisen verkauft. Umgekehrt ist die große Mehrheit der verfügbaren NFTs (Ingame-Gegenstände und digitale Sammlerstücke) relativ erschwinglich und kann von normalen Nutzer/innen gekauft werden.

Warum sollte ein Kunde also hohe Transaktionsgebühren zahlen, wenn ein Kunstwerk nicht teuer ist? Relativ niedrige Transaktionskosten sind entscheidend für eine breitere Akzeptanz von NFTs. Vorzugsweise sollte die ausgewählte Blockchain eine gebührenfreie Struktur haben, um mehr Nutzer/innen für die NFT-Plattform zu gewinnen. Im Kapitel "Wie findest du die beste NFT Plattform" zeige ich dir worauf es bei der Auswahl ankommt.

Smart-Contract-Funktionalität

Alle NFT-Plattformen basieren auf intelligenten Verträgen, die die Bedingungen für Transaktionen zwischen Käufern und Verkäufern festlegen. Im Allgemeinen garantieren komplexe und gut konzipierte Smart Contracts die allgemeine Sicherheit der Plattform. Deshalb ist es wichtig sicherzustellen, dass die gewählte Blockchain über robuste und zuverlässige Smart-Contract-Funktionen verfügt. Sobald die hinterlegte Blockchain eine gewisse Bekanntheit, wie bspw. Ethererum oder Solana hat, musst du dir keine Sorgen machen.

Konsensmechanismus

Manchmal kann die Blockchain anfällig für Angriffe sein. Plattformen, die mit einem Proof-of-Work (PoW)-Konsensmechanismus arbeiten, haben in der Regel mit mehr

Problemen zu kämpfen als Plattformen, die sich auf einen Proof-of-Stake (PoS)-Konsens verlassen. Daher kann es klüger sein, PoS oder seinen verwandten Typen wie DPoS (Distributed Proof-of-Stake) und LPoS (Liquid Proof-of-Stake) sowie anderen verfügbaren Optionen, nämlich Proof of History (PoH) und Proof of Stake Authority (PoSA), den Vorzug zu geben. Es überrascht nicht, dass Ethereum sein aktuelles PoW-Modell gründlich überdacht hat und nun sein Ethereum 2.0-Upgrade vorbereitet, das die Blockchain schließlich von PoW auf PoS-Konsens umstellen wird.

Beachte, dass die gewählte Blockchain, genauer gesagt ihr Konsens, Auswirkungen auf die Umwelt hat: Blockchains, die PoW verwenden, führen zum Beispiel zu erheblichen Treibhausgasemissionen. Im Gegensatz dazu gelten PoS-Blockchains als energieeffizienter, da die Miner keine komplexen Rätsel lösen müssen, um ihre Arbeit auf einer PoS-Blockchain zu verifizieren - es wird also viel weniger Rechenleistung benötigt. Zu deiner Information: Elon Musk hat sogar seine Entscheidung, BTC als Zahlungsmittel für Tesla zu akzeptieren, rückgängig gemacht, weil die PoW-basierte Bitcoin-Blockchain zu sehr auf energieintensive Mining-Einheiten angewiesen ist, was den Verbrauch fossiler Brennstoffe erhöht.

Nachdem wir nun wissen, auf welche Kriterien wir bei der Auswahl einer Blockchain für die NFT-Entwicklung achten sollten, wollen wir uns die zur Verfügung stehenden Blockchains ansehen und mehr über ihre Fähigkeiten erfahren. Dazu habe ich dir folgende Übersicht erstellt. Weitere Details zu der jeweiligen Blockchain findest du im entsprechenden Unterkapitel.

	ETHEREUM	BSC	CARDANO	SOLANA	FLOW	Tezos
Anzahl Transaktionen pro Sekunde (TPS)	13-15	55-60	250	65,000	10,000	40
Nativer Token	ETH	BNB	ADA	SOL	FLOW	XTZ
Smart Contract Programming Language	Solidity	Solidity and Vyper	Haskell	Rust, C and C++	Cadence	SmartPy, LIGO
Konsensmechanismus	Aktuell noch PoW, bald Upgrad auf PoS	PoSA	DPoS	PoH and PoS	Proof of Stake	LPoS
Top NFT Projekte	Crypto Kitties, CryptoPunks and Decentraland among others	Pancake Swap	CardanoKidz, Professor Cardano and CryptoMayor	SolPunks, Degenerate Ape ad Solsea	NBA Top Shots and BloctoBay	Tezzardz, Neonz

Abbildung 8: Vergleich der wichtigsten Blockchain

Ethereum

Ethereum wurde 2015 von Vitalik Buterin ins Leben gerufen und ist derzeit die am häufigsten verwendete Blockchain in NFT-Projekten. Sie verfügt über eine große Entwicklergemeinschaft, was ein erheblicher Vorteil ist, da auftretende Fehler effizient behoben werden können und regelmäßig neue und fortschrittliche Funktionen implementiert werden. Außerdem verfügt Ethereum über eine umfangreiche technische Dokumentation, die für Entwickler/innen beim Erstellen von verteilten Apps (dApps; englisch distributed Apps) oder Smart Contracts sehr hilfreich sein kann.

Ethereum ist die treibende Kraft hinter zwei beliebten Token-Standards, ERC-721 (für die Erstellung von nicht-fungiblen Token) und ERC-1155 (für die Erstellung neuer semi-fungibler Token). Diese beiden Standards bildeten bisher die Grundlage für die meisten existierenden NFTs, und dieser Trend wird sich wahrscheinlich fortsetzen. Außerdem hat Ethereum kürzlich einen weiteren Standard vorgeschlagen - EIP-2309. Dieser wird eine effizientere Prägung von NFTs ermöglichen, indem er es den Nutzern erlaubt, eine beliebige Anzahl von Token pro Transaktion zu prägen.

Um Smart Contracts zu implementieren, verwendet Ethereum Solidity, eine objektorientierte Programmiersprache, die vom Ethereum-Team entwickelt und von der Ethereum Virtual Machine (EVM) kompiliert wurde. Darüber hinaus gibt es auf Ethereum über 460.000 Token-Kontrakte, die auf dem ERC-20-Standard basieren. Einige der führenden Kryptowährungsprojekte sind Tether (USDT), Basic Attention Token (BAT), USD Coin (USDC), ChainLink (LINK) und Dai (DAI).

Die Transaktionsgebühren von Ethereum variieren je nach Aktivität des Netzwerks und liegen in der Regel zwischen 20 und 70 Dollar pro Transaktion, was im Vergleich zu anderen Blockchains recht hoch ist. Außerdem leidet Ethereum unter einem geringen Durchsatz, der es auf nur 13-15 Transaktionen pro Sekunde beschränkt. Es wurde jedoch versprochen, dass all diese Probleme mit dem Ethereum 2.0 Upgrade gelöst werden, das die Transaktionskapazität erhöhen und die Gasgebühren senken soll. Dazu wird Ethereum schließlich vom PoW- zum PoS-Konsens umgestellt, was sich positiv auf das gesamte Ethereum-Netzwerk und vor allem auf die Umwelt auswirken soll.

Die beiden wichtigsten NFT-Token CryptoKitties und CryptoPunks werden beide auf der Ethereum-Blockchain entwickelt. Übrigens hat sogar der Kreditkartenanbieter Visa vor kurzem 1 Exemplar der CryptoPunks-Kollektion für 150.000 Dollar gekauft.

Die meisten der führenden NFT-Marktplätze mit dem größten Handelsvolumen wurden auf Ethereum gegründet, vor allem OpenSea, Rarible, Nifty Gateway, Known Origin, SuperRare und Decentraland.

BSC

Die Binance Smart Chain (BSC) ist eine Blockchain, die synchron mit der Binance Chain läuft. Im Vergleich zu letzterer verfügt sie jedoch dank ihrer Kompatibilität mit der Ethereum Virtual Machine (EVM) über fortschrittliche Smart-Contract-Funktionen (unterstützt von Solidity und Vyper). Der Zweck der Implementierung dieser Logik ist es, einen hohen Durchsatz auf der Binance Chain aufrechtzuerhalten und gleichzeitig leistungsstarke Smart-Contract-Funktionen in das Ökosystem zu bringen. Im Grunde genommen ist BSC weder eine Layer-2- noch eine Off-Chain-Skalierbarkeitslösung - es handelt sich um eine völlig separate Blockchain, die auch bei einem Ausfall von Binance Chain funktionieren kann.

BNB ist die Abkürzung für das native Utility-Token des gesamten Binance-Ökosystems. Er wird für BSC und Binance Chain verwendet. Der BNB-Token wird verwendet, um Smart Contracts auf BSC auszuführen und Transaktionsgebühren auf Binance Chain und Binance DEX zu bezahlen.

Die Binance Smart Chain basiert auf dem Proof-of-Stake Mechanismus und besitzt 21 Validatoren, wodurch es kürzere Transaktionszeiten unterstützt und niedrigere Gebühren ermöglicht. Da die BSC EVM-kompatibel ist, können Entwickler/innen ihre

Projekte problemlos von der Ethereum-Blockchain portieren und so eine Vielzahl von BSC-Tools und dApps betreiben. Aus Sicht der Nutzer/innen bedeutet dies, dass Anwendungen wie MetaMask leicht an BSC angepasst werden können.

Trotz der Allgegenwärtigkeit und Beliebtheit von Ethereum im NFT-Bereich richten Tausende von Nutzern und Projekten ihr Augenmerk nun auf Binance Smart Chain, da es eine gute Leistung und niedrige Gebühren bietet: BSC kann laut eigener Aussage 50 bis 55 Transaktionen pro Sekunde durchführen. Bei 60 Transaktionen in Summe kostet es etwa 0,005 BNB (~3 Dollar), einen NFT zu erstellen, was im Vergleich zu Ethereum viel günstiger ist.

Die BSC hat einen eigenen Token-Standard, BEP-721, der die Erstellung von nicht-fungiblen Token erlaubt. Bislang ermöglichen mehrere Projekte die Erstellung und den Handel von NFTs auf der Binance Smart Chain, allen voran Bakery Swap (sammelbare NFTs), Battle Pets (Gaming-NFTs) und PancakeSwap (finanzielle NFTs).

BakerySwap gilt als das beliebteste Projekt, das auf einer All-in-One DeFi-Plattform läuft, und als die erste automatisierte Market Maker (AMM) und NFT-Börse. Im Juni 2021 wurde der Meilenstein von 500.000 NFT-Transaktionen erreicht, und die Food Combos von BakerySwap gehörten zu den Top-Transaktionen des Monats und übertrafen sogar einige namhafte CryptoPunks.

Cardano

Cardano wurde vom Ethereum-Mitbegründer Charles Hoskinson ins Leben gerufen und ist eine komplexe, verteilte Proof-of-Stake-basierte Blockchain. Zu ihren Hauptzielen gehören die Ermöglichung von Transaktionen in ihrer nativen Verschlüsselung, bekannt als ADA, und die Schaffung einer komfortablen Umgebung für Entwickler/innen, um hoch skalierbare und robuste Anwendungen auf Cardano-Basis zu entwickeln.

Die Cardano-Blockchain besteht aus zwei Schichten, dem Cardano Settlement Layer (CSL) für die Überweisung von ADA zwischen Konten und die Aufzeichnung von Transaktionen und dem Cardano Computation Layer (CCL) mit der Smart-Contract-Logik, die Entwickler für die Überweisung von Geldern verwenden. Cardano basiert auf Haskell, der Grundlage für Cardanos Smart-Contract-Programmiersprache Plutus. Haskell ist auch für die Unterstützung von Marlowe verantwortlich, einer domänenspezifischen Sprache für die Erstellung von Finanz-Smart Contracts.

Cardano hat eine hohe Leistung: Es kann derzeit über 250 Transaktionen pro Sekunde verarbeiten. Das Layer-2-Skalierungsprotokoll namens Hydra verspricht, die Leistung von Cardano zu steigern und es zu ermöglichen, über 2.000 Staking Pools auf bis zu 2 Millionen Transaktionen pro Sekunde zu skalieren. Die Transaktionskosten von Cardano liegen bei etwa 0,16 - 0,17 ADA, was ungefähr einem oder zwei Cents entspricht.

Zu den erfolgreichsten NFT-Projekten, die auf der Cardano-Blockchain laufen, gehören Spacebudz (angeblich der erste Millionen-Dollar-NFT-Verkauf auf Cardano), CardanoKidz (eine

Sammlung von Sammelkarten), Professor Cardano (wurde im Dezember 2021 veröffentlicht), CryptoMayor (ein Sammelspiel), Crypto Kitties (eine Sammlung von 10.000 gestrickten Abbildungen - nicht zu verwechseln mit den trendigen CryptoKitties) und Comment (ein Kunstmarkt).

Darüber hinaus startete Cadalabs Ende Oktober 2021 den Cadalabs NFT and Crypto Collectibles Marketplace, die erste DeFi-Plattform für NFT und digitale Sammlerstücke auf Basis von Cardano. Cadalabs möchte seinen Nutzern die Möglichkeit bieten, ihre digitalen Inhalte und Dienstleistungen exklusiv zu prägen und zu brandmarken.

Solana

Solana, die Idee von Anatoly Yakovenko, wird oft als eine der schnellsten programmierbaren Blockchains im Kryptobereich bezeichnet und konkurriert heftig mit Ethereum und Cardano. Solana hat derzeit mehr als 400 Projekte in den Bereichen DeFi, NFTs und Web3, und zum Zeitpunkt der Erstellung dieses Buches erreichte die Marktkapitalisierung von Solana die unglaubliche Höhe von 65 Mio Dollar.

Die Solana-Blockchain basiert auf einer einzigartigen Kombination aus Proof of History (PoH) und Proof of Stake (PoS) Konsensmechanismen. Die Logik hinter PoH ermöglicht es den Validierern, ihre Uhren zu kontrollieren und den Prozess der Transaktionsvalidierung zu verkürzen, da die Knoten keine Rechenleistung für die Validierung verschiedener Zeitstempel aufwenden müssen.

Wenn du dich mit den technischen Details beschäftigst, solltest du wissen, dass die Smart Contracts von Solana (auch Programme genannt) in den Programmiersprachen Rust, C und C++ auf der Blockchain implementiert werden. Die Transaktionsgebühren sind relativ niedrig und liegen bei 0,00025 Dollar.

Das herausragende Merkmal von Solana ist zweifelsohne seine ultraschnelle Transaktionsgeschwindigkeit, die den Weg für eine breitere Akzeptanz ebnet. Derzeit ist Solana in der Lage, 65.000 Transaktionen pro Sekunde auszuführen, und die Entwickler sagen, dass Solana 700.000 Transaktionen pro Sekunde erreichen kann, wenn das Netzwerk wächst. Darüber hinaus ermöglicht das hybride Protokoll der Blockchain eine erhebliche Verkürzung der Verifizierungszeit von Transaktionen und der Ausführung von Smart Contracts.

Genau wie andere Blockchains hat auch Solana seinen eigenen Coin namens SOL. Im Oktober 2021 erreichte der Preis von SOL während des frühen US-Handels mit 259 Dollar ein Allzeithoch. Der Gesamtwert von Solanas Blockchain (TVL) erreichte zu diesem Zeitpunkt ebenfalls ein Allzeithoch von rund 13,91 Milliarden Dollar. Bei SOL handelt es sich um einen der am meisten gehandelten Token an zentralen Börsen.

Trotz des relativ späten Starts hat Solana bereits mehrere beeindruckende NFT-Projekte, darunter Degenerate Ape Academy (eine NFT-Sammlung von 10.000 Affen mit weichem Hirn), Solana Monkey Business (eine Premium-Sammlung von über 5.000 einzigartigen generativen Kunst-Affen-NFTs), SolPunks (Solanas Version von CryptoPunks), Frakt (eine Sammlung von NFTs, die aus zufällig generierten Designmustern bestehen), Bold Badgers und Sollamas (eine Sammlung von 8.888 einzigartig generierten Lamas mit etwa 165 seltenen Eigenschaften).

Solana ermöglicht auch die Einrichtung von fortschrittlichen Marktplätzen. Bisher kannst du NFTs auf Solana-gestützten Plattformen wie Solanart.io (derzeit in der Beta-Phase), DigitalEyes.market (der erste Solana-NFT-Marktplatz, der eröffnet wurde), Solsea (ein NFT-Marktplatz, der Urheber/innen bei Select unterstützt und Lizenzen bei der Prägung von NFTs einbettet) und Metaplex (ermöglicht es Künstler/innen und Urheber/innen, ihre selbst gehosteten Schaufenster für NFTs zu eröffnen und Online-Auktionen durchzuführen) kaufen und verkaufen.

Außerdem gibt es in Solana das SPL-Token-Programm - den Token-Standard auf der Solana-Blockchain. Wie die Ethereum-basierten ERC-20-Token sind auch die SPL-Token für DeFi-Anwendungen konzipiert. Solana hat sogar eine blockchainübergreifende Brücke namens Wormhole entwickelt, die es Nutzern ermöglicht, ERC-20-Token in Ethereum-Smart Contracts zu sperren und dann die entsprechenden SPL-Token auf der Solana-Blockchain zu prägen.

Flow

Flow, das bereits 2020 eingeführt wurde, hat die Aufmerksamkeit zahlreicher Kryptowährungsfans auf sich gezogen und wird manchmal als echte Alternative zu Ethereum angesehen. Die Entwicklerinnen und Entwickler der Flow-Plattform arbeiten hart daran, sie zur idealen Plattform für Verbraucher-Apps zu machen, mit verbesserter Skalierbarkeit, Kompositionsfähigkeit und vor allem mit einer überlegenen Benutzeroberfläche. Die Flow-Community sagt: "Flow ist auf dem besten Weg, die Blockchain-Technologie für Milliarden von Menschen zugänglich zu machen und gleichzeitig eine Blockchain-Brieftasche in die Tasche zu stecken. Man kann also davon ausgehen, dass sich die Flow-Blockchain weiterentwickeln und denjenigen, die an NFT Transaktionen interessiert sind, viele weitere Optionen bieten wird.

Flow ist eine Kreation von Dapper Labs, dem kanadischen Unternehmen, das für die Einführung von CryptoKitties verantwortlich war. Diese auf Proof-of-Stake (PoS) basierende Blockchain hat das Potenzial, ganze Ökosysteme von Apps zu betreiben, vor allem solche, die mit Spielen und digitalen Wertgegenständen zu tun haben.

Die Basistechnologie von Flow besteht aus erweiterbaren Smart Contracts, die von Cadence (der vom Flow-Team entwickelten Programmiersprache) gesteuert werden, um eine höhere Skalierbarkeit zu erreichen. Da die Blockchain aus einem Multi-Node- und Multi-Role-Design besteht, ist sie für den Betrieb der zentralen Transaktionsprozesse der Blockchain unerlässlich: Konsens, Ausführung, Sammlung und Überprüfung.

Eine der beeindruckendsten Eigenschaften der Flow-Blockchain ist ihre enorme Leistung, denn sie kann mehr als 10.000 Transaktionen pro Sekunde verarbeiten. Wer sich für die Kosten von Flow interessiert, dem sei gesagt, dass die Plattform zwei Arten von Gebühren erhebt: eine für die Registrierung eines Kontos, die bei 0,001 FLOW (dem plattformeigenen Token) beginnt, und die andere für jede Transaktion, die bei 0,000001 FLOW beginnt.

Wenn es um Marktplätze geht, die auf Flow aufgebaut sind, ist NBA Top Shot bisher das mit Abstand erfolgreichste Beispiel. Derzeit liegt das tägliche Handelsvolumen bei 1,1 Millionen US-Dollar und die Gesamtzahl der Transaktionen erreicht 106 Tausend pro Tag. Insgesamt wurden nach Angaben des Unternehmens seit dem Start der öffentlichen Beta-Testphase im Oktober 2020 mehr als 3 Millionen Transaktionen abgewickelt. TuneGO, BloctoBay und Xtingles sind nur einige der Projekte, die von Flow unterstützt werden.

Tezos

Tezos ist eine dezentrale Open-Source-Blockchain, die problemlos P2P-Transaktionen durchführen kann und als hochentwickelte Plattform für den Einsatz von Smart Contracts genutzt wird.

Eines der herausragenden Merkmale von Tezos ist seine Fähigkeit, sich selbst zu ändern. So kann es einen Open-Chain-Mechanismus implementieren, um Hard Forks beim Vorschlagen, Auswählen, Testen und Aktivieren von Protokoll-Upgrades zu vermeiden.

Derzeit läuft die Tezos-Blockchain auf einem einzigartigen Liquid Proof-of-Stake (LPoS)-Konsensmechanismus mit Validierern, die als "Baker" oder "Endorser" bekannt sind. Im Gegensatz zum Delegated Proof-of-Stake (DPoS) kann bei LPoS jeder Nutzer ein Validator werden, solange es genügend Münzen gibt. Wenn sie diese Anforderung nicht erfüllen können, können sie sich dafür entscheiden, zu delegieren. Die Idee hinter diesem außergewöhnlichen Konzept ist es, die Inklusivität zu erhöhen und sich mehr auf die Liquidität der Governance als auf die Skalierbarkeit des Netzwerks zu konzentrieren.

Die Tezos-Blockchain führt etwa 40 Transaktionen pro Sekunde aus, und die Transaktionsgebühren betragen etwa 10 Cent. Im Jahr 2020 führte Tezos sein "Delphi"-Upgrade ein, das die Gaskosten um 75 % senkte. Tezos verfügt sowohl über eine domänenspezifische Smart-Contract-Sprache namens Michelson als auch über eine weithin unterstützte Sprache zum Schreiben von Tezos-Smart-Contracts, wie SmartPy und LIGO.

Darüber hinaus hat Tezos einen eigenen Utility Token und eine Kryptowährung namens XTZ. Sie dient als Tauschmittel und ermöglicht es den Nutzern, an den Governance-Funktionen der Plattform auf der Blockchain teilzunehmen. Wichtig ist, dass Tezos zwar drei Token-Standards hat, aber nur einer von ihnen, FA2, für nicht-fungible Token konzipiert ist. Er weist jedem Token eine eindeutige Token-ID zu und verknüpft sie mit der Adresse des Token-Besitzers.

DeFiFarms

DeFi kann als die erste Welle der Disruption des traditionellen Finanzwesens beschrieben werden, wobei Aktivitäten wie Kreditaufnahme, Kreditvergabe und Handel dezentralisiert und kapitaleffizienter werden. Es handelt sich um eine dezentrale Finanzinitiative, die auf der Binance Smart Chain, der am schnellsten wachsenden Blockchain der Welt, aufbaut.

Ein DeFi-Protokoll verwendet Computercode, sogenannte Smart Contracts, die auf dem Blockchain-Netzwerk laufen. Der Quellcode der meisten DeFi-Projekte ist für jeden auf der Welt zugänglich und kann überprüft werden. Die Nutzer/innen des DeFi-Protokolls können mit diesen Smart Contracts über ihre Wallets kommunizieren, um Geld zu überweisen, zu leihen, zu verleihen oder einen Service in Anspruch zu nehmen, den das DeFi anbietet.

DeFi-Projekte im Blockchain-Netzwerk ermöglichen einen einfachen und kostengünstigen Zugang zu Kapital, eine effiziente Kreditvergabe und -aufnahme sowie dezentrale Kryptobörsen. Aufgrund ihres dezentralen Charakters haben sich einige DeFi-Projekte wie Uniswap zu hocheffizienten globalen Finanzmärkten entwickelt, die sich an Privatpersonen und Institutionen gleichermaßen richten. Außerdem macht DeFi Mittelsmänner überflüssig und ermöglicht effizientere Finanzdienstleistungen zu niedrigen Kosten.

Da DeFi auf einem Blockchain-Netzwerk basiert und generell quelloffen ist, kann jeder, der über eine Internetverbindung verfügt, den Quellcode einsehen, prüfen und alle Transaktionen einsehen. Blockchain-Daten sind unveränderlich, das heißt, wenn die Informationen einmal im Blockchain-Netzwerk sind, können sie nicht mehr geändert werden. So entsteht ein vertrauenswürdiges Finanzsystem, das sich auf den Code stützt. Ein solches Beispiel ist eine dezentrale Börse (DEX).

Im Gegensatz zu zentralisierten Finanzdienstleistungen wie dem traditionellen Bankwesen benötigen DeFi-Unternehmen keine Vermittler oder Verwahrer, um Dienstleistungen wie den Kauf, den Verkauf, das Verleihen und das Ausleihen von Kryptowährungen anzubieten. DEX-Nutzer können direkt mit dem Blockchain-Protokoll interagieren, um Geschäfte zu tätigen oder

Dienstleistungen in Anspruch zu nehmen. Dieser nicht-verwahrende Rahmen eines DEX bedeutet, dass die Nutzer/innen das Eigentum an ihren Kryptowährungen behalten und die vollständige Kontrolle über ihre Vermögenswerte in ihren Wallets haben. DeFi und DEXs basieren auf selbstregulierendem Computercode, den sogenannten "Smart Contracts", die auf einem Blockchain-Netzwerk laufen.

Soviel zur Theorie hinter dem DeFi-Protokoll. Für dich relevant sind aber wahrscheinlich die praktischen Anwendungsmöglichkeiten. Im Prinzip kannst du dir vorstellen, dass das DeFi-Protokoll nahezu alle Dienstleistungen einer modernen Bank anbieten kann. Der entscheidende Unterschied: Die Bank als Mittelsmann fällt raus.

Als eine Art Darlehensgeber fungiert das Unternehmen Uniswap, welches derzeit die wichtigste dezentrale Börse im DeFi-Bereich ist. Die Nutzer/innen können den nativen Token UNI verdienen, indem sie bestimmten Pools Liquidität anbieten und damit ihre eigenen Kryptowährungen in diesen Pool einbringen.

Mit Plattformen wie Augur ermöglicht DeFi den Nutzern, Wetten auf Weltereignisse abzuschließen. Spiele und eSports haben sich ebenfalls als wichtige Märkte für DeFi-Technologien herausgestellt.

Doch obwohl dezentrale Börsen viele bahnbrechende Vorteile bieten, bergen sie auch gewisse Risiken. Anders als im traditionellen Bankwesen gibt es bei DeFi keine Regulierung oder Versicherung für die getätigten Investitionen. DeFi-Kredite sind mit anderen Krypto-Vermögenswerten besichert. Wenn es jedoch zu einem Abschwung kommt, können diese Vermögenswerte stark an Wert verlieren und sogar liquidiert werden. Außerdem können verlorene Daten und Kontoinformationen wie Passwörter in zentralisierten Systemen wiederhergestellt werden. Beim Handel auf DEXs können die Benutzerinformationen und damit die Gelder unwiederbringlich verloren gehen, wenn man den Seed-Phrase verliert.

Zusammenfassend lässt sich sagen, dass zentralisierte Systeme aufgrund der benutzerfreundlichen Schnittstellen, der Sicherheit, der behördlichen Aufsicht und der Versicherungsmöglichkeiten zwar immer noch das Marktgeschehen dominieren, das Wachstum von DeFi jedoch Raum für dezentrale Krypto-Tauschprotokolle geschaffen hat. Da immer mehr Menschen in den Bereich der digitalen Vermögenswerte einsteigen, muss DeFi seine Fähigkeiten erweitern und in Bezug auf Sicherheit und Skalierbarkeit robuster werden.

Kapitel Zusammenfassung

Es besteht kein Zweifel daran, dass nicht-fungible tokenisierte NFTs das nächste große Ding geworden sind und in kleine und große Unternehmen vordringen, die ihre bahnbrechenden NFT-Kampagnen starten und Einnahmen generieren wollen. Um sicherzustellen, dass dein Projekt langfristig ein großer Erfolg wird, solltest du jedoch innehalten und die Blockchain, auf der deine NFT-Aktivität laufen soll, sorgfältig auswählen. Deshalb solltest du überlegen, welche Blockchain-Funktionen dir den größten Nutzen bringen und die auf dem Markt verfügbaren Optionen untersuchen.

Aus den oben genannten Erkenntnissen können wir schließen, dass du Flow oder Solana in Betracht ziehen solltest, wenn du eine Blockchain mit niedrigen Transaktionsgebühren und hohem Transaktionsdurchsatz suchst. Wenn du dein Projekt vorantreiben willst, solltest du Ethereum den Vorzug geben, da die bekanntesten Token, dApps und Börsen auf dem guten alten Ethereum basieren und bald größere Upgrades zu erwarten sind. Wenn du jedoch Wert auf Nachhaltigkeit legst, solltest du dich auf jeden Fall für eine "grüne" Blockchain entscheiden. Blockchains, die mit PoS-, LPoS-, PoSA- oder DPoS-Konsensmechanismen arbeiten, wie Tezos, Binance Smart Chain und Cardano, stoßen nachweislich weniger CO_2 in die Atmosphäre aus als PoW-betriebene Alternativen.

ARTEN VON NFT

Es gibt verschiedene Dinge, die zu NFTs wurden, z.B. digitale Kunst, Musik, Spielgegenstände, digitales Land, Live-Tickets usw. In diesem Kapitel möchte ich dir einen Überblick über die bestehenden Arten geben.

Kunst NFTs

Abbildung 9: CryptoPunks-Sammlung

CryptoPunks war der erste Kunst NFT. Er wurde Mitte 2017 von Larva Labs eingeführt und war eine der Inspirationen für den ERC-721-Standard. CryptoPunks ist eine Sammlung von künstlerischen Bildern, die aus unregelmäßigen Pixeln im Format 24x24 in 8bit, bestehen und von einem Algorithmus generiert wird. Du kannst dir einen Eindruck davon in Abbildung 9 machen. CryptoPunks haben einen festen Bestand von 10.000 Bildern, von denen jedes sein eigenes, zufällig generiertes, einzigartiges Aussehen und seine eigenen Eigenschaften hat. Die meisten von ihnen sind unbeholfen aussehende Jungen und Mädchen, aber es gibt auch einige seltenere Typen: Affen, Zombies und sogar seltsame außerirdische Menschen. Anfänglich verkauften sich die Punks sehr verhalten.

Vom Hype, den diese Figuren auslösen sollten, waren wir noch weit entfernt, denn die Punks wurden einfach an jeden verschenkt, der eine Ethereum Wallet hatte und sich gemeldet hatte. Heutzutage vollkommen unvorstellbar, da einige dieser Figuren in der Hochphase im Sommer 2021 für mehrere Millionen Euro den Besitzer wechselten.

Am 11. März verkaufte der 2021 bereits erwähnte Künstler Beeple sein NFT-Kunstwerk "Everydays: The first 5000 Days" für 69,3 Millionen Dollar. Ein Wendepunkt in der Kunstgeschichte. Diese Auktion ist das erste Mal, dass ein großes Auktionshaus rein digitale Kunstwerke in Form von nicht-fungiblen Token versteigert hat. Das höchste erfolgreiche Gebot bei einer Online-Auktion und die höchste verkaufte Summe bei einer privaten Online-Auktion. "Everydays: The first 5000 Days" wird als die wertvollste NFT-Kunstsammlung gepriesen. Man kann auch sagen, dass es sich um ein Kunstwerk handelt, das durch die Erfahrung des Autors gesammelt wurde. Es handelt sich dabei um die Zusammenfassung seines künstlerischen Schaffensprozesses der letzten 13 Jahre bestehend aus 5.000 Arbeiten. Zunächst lag der Startpreis von "Everydays: The First 5000 Days" bei 100 Dollar, dann stieg der Auktionspreis auf 1.000.000 Dollar, und schließlich wurde "Everydays: The first 5000 Days" von Vignesh für 69,3 Millionen Dollar verkauft. Vignesh "Metakovan" Sundaresan kaufte es zunächst unter falschem Namen, aber seine wahre Identität wurde bald aufgedeckt. Der zweithöchste Bieter, Justin Sun, bot rekordverdächtige 60,2 Millionen Dollar für das Werk, wurde aber in letzter Minute von Sundaresan überboten.

Die NFT-Kunst hat jungen Kunstschaffenden mehr Möglichkeiten eröffnet, Aufmerksamkeit für Ihre Werke zu erzeugen. Das Aufkommen des gesamten NFT-Marktes hat auch den Weg zur Wertschätzung der Kunst erleichtert, da es nun eine wiederkehrende Einnahmequelle (Stichwort Royalties) gibt.

Spiele NFTs

Abbildung 10: Axie Infinity Stipendium NFT Spiel

NFTs für Videospiele nehmen ebenfalls Gestalt an, denn die Blockchain ermöglicht es, das Spiel von **Pay-to-Win** auf **Play-to-Win** umzustellen. Diese Spiele locken gerade viele User an, indem sie den Spielern zusätzliche Einnahmemöglichkeiten ermöglichen durch begehrte Belohnungen. Diese Spiele haben Funktionen, die den Kauf, Verkauf, den Handel oder den Tausch deiner Sammlerstücke ermöglichen. Bisher hat zwar noch kein Spiel eine zu bestehenden, klassischen Games bestehende Popularität erreicht, aber das Potenzial ist riesig. Da Online Spieler bekanntermaßen mit virtuellen Gegenständen sehr vertraut sind, haben Games mit NFTs als Gewinn das Potenzial ein sehr großes Potential. Die Entwickler von NFT-Videospielen sind häufig auch ehrgeizige Ersteller von

NFTs, was die NFT-Technologie weiter vorantreiben könnte. Im Vergleich zu anderen NFTs wie Kunstwerken, Mode, Sammelkarten usw. sind NFTs im Spiel hochmodern. Das liegt daran, dass es komplexe, vollständig interaktive Spiele gibt, die sich im Laufe der Zeit ständig verändern, aufgerüstet werden müssen oder bei denen sich der Spielercharakter verändert. Kryptowährungen sind in der digitalen Spieleindustrie weit verbreitet und ermöglichen es den Liebhabern von Kryptospielen, von einem sicheren Spiel zu profitieren.

Eine Gemeinsamkeit aller Gamer ist, dass sie keine Berührungsängste mit der digitalen Welt haben. Der Großteil ihres Lebens spielt sich bereits in der Online Welt ab, wodurch die Hemmschwelle zu Kryptowährungen sehr niedrig ist oder viele Spieler schon eigene Wallets besitzen. In der Zukunft ist es nicht mehr so tragisch, wenn das Spieleunternehmen pleite geht oder das Spiel nicht mehr weiterentwickelt. Als Gamer kann ich meinen NFT einfach in eine neue Online Welt transferieren und dort weiterverwenden. Das Spiel Minecraft bietet eben ein solche Möglichkeit bereits. Die sog. Werkzeuge werden mittlerweile für mehr als 100.000 Euro gehandelt. Dadurch können die Spieler ergatterte Gegenstände auf dem Zweitmarkt verkaufen und sich dadurch ein zusätzliches Einkommen erspielen. Diese Art des Spielens wird gemeinhin als "Play-to-Earn" bezeichnet und bietet ein völlig neues Paradigma im Vergleich zu "Play-to-Win" aus früheren Spielen. Am beliebtesten sind hierbei Axie Infinity oder CryptoKitties, wobei mittlerweile auch klassische Spiele wie Poker in der NFT Welt vertreten sind. Das Geschäftsmodell beim Online Poker funktioniert so: Als Spieler darfst du nur am digitalen

Pokertisch teilnehmen, wenn du einen gewissen digitalen NFT als Eintrittskarte vorweisen kannst. Besitzt du einen solchen und hast gleichzeitig keine Lust oder Talent zum Pokern, kannst du damit deinen NFT an andere Spieler verleihen. Wenn der Spieler beim Pokern erfolgreich ist, erhältst du deinen NFT zurück und eine Prämie, dafür dass du deine "Eintrittskarte" verliehen hast. Ist der Spieler nicht erfolgreich, erhältst du einfach nur deinen NFT zurück und keine Prämie. Dein einziges Risiko besteht also darin, einen erfolgreichen Pokerspieler auszuwählen. Dafür haben sich auf Discord ganze Communities gebildet, in denen vor allem Spieler aus Entwicklungsländern ihre Pokerstats veröffentlichen und sich so etwas dazuverdienen möchten.

Durch die Praktiken konnten NFT- und Blockchain-basierte Spiele die Herzen der Online-Glücksspieler unabhängig ihrer Kaufkraft erobern.

Zahlreiche Analysten gehen davon aus, dass die Marktkapitalisierung von NFTs um das 1.000-fache wächst, wenn man das Transaktionsvolumen von 338 Millionen Dollar allein im Jahr 2020 zugrunde legt. Gleichzeitig wird erwartet, dass die weltweite Glücksspielindustrie bis 2026 um 314,40 Milliarden Dollar wachsen wird, was einer jährlichen Wachstumsrate von 9,64 Prozent in den nächsten 4 Jahren entspricht. Wenn zwei dieser Konzepte zusammenkommen und eine einzige Branche bilden, sieht die Zukunft rosig aus. Ja, du hast richtig gelesen: die Non-Profit-Glücksspielbranche. Wenn wir uns die Entwicklung der Glücksspielindustrie ansehen, können wir erkennen, dass sie das Potenzial hat, sich in den NFT-Gaming-Sektor zu verwandeln. Außerdem gehören diese NFTs tatsächlich den Spieler/innen und werden nicht zentral von einem einzelnen Spielehersteller verwaltet. Es ist möglich, dass deine NFTs in anderen virtuellen Welten weiter funktionieren und genutzt werden können, selbst wenn das Spiel geschlossen wird. Dies ist ein Paradigmenwechsel von monumentalem Ausmaß, der Macht und Reichtum verteilt.

Im Folgenden findest du einige interessante und beeindruckende Spiele, die die Blockchain-Technologie nutzen.

Axie Infinity Scholarship

Die Welt von Axie Infinity verändert sich schnell. Als das Spiel gestartet wurde, reichte die harte Arbeit, Axies zu jagen, aus, um den Spielern den Einstieg zu erleichtern. Aber bei einer so hohen Anfangsgebühr fanden einige Spieler (die sogenannten "Scholars") einen Weg, sich die nicht handelbaren Axies zunutze zu machen, die bereits von anderen Spielern (den NFT-Besitzern) erobert worden waren. Sie kontaktierten sie und schlossen einen Deal ab, um ihre Rolle als Vermögensverwalter zu stärken. Du erinnerst dich bestimmt an das Poker Beispiel aus dem Vorkapitel. Diese Entwicklung setzt ein gewisses Maß an Vertrauen zwischen NFT-Inhabern und "Scholars" voraus.

Du kannst passives oder aktives Einkommen auf eine von der Plattform offiziell anerkannte Weise erzielen. Wenn du ein NFT-Besitzer bist, gibst du deinen Artikel an jemanden weiter und lässt ihn dafür eine Belohnung erhalten. "Scholars" verschaffen ihren Käufern ein positives Einkommen. Scholarships waren in der Axie-Community aus folgenden Gründen beliebt. Viele ältere Spieler oder Züchter haben eine große Anzahl von Axies, können diese aber nicht nutzen, um coins zu verdienen (das Spielen mit mehreren Konten wird mit einem permanenten Ban bestraft). Auf der anderen

Seite gibt es angehende Spieler, die mit dem Spielen beginnen möchten, denen aber die finanziellen Mittel fehlen, um ein Anfängerteam zu kaufen. Wo ein Wille ist, ist meistens auch ein Weg, wenngleich ich dir diese Methoden nicht empfehle, da deine Accounts von heute auf morgen weg sein könnten.

CryptoKitties

CryptoKitties ist ein sehr interessantes Spiel, das auf der Ethereum-Blockchain basiert. Es lässt dich verschiedene Katzen sammeln und züchten. Es gibt einige Nebenquests, wie das Lösen von Rätseln, die dir helfen, im Spiel weiterzukommen. Dieses Spiel besitzt einen Pokémon-ähnlichen, NFT-basierten Ansatz im Spiel. Es wird häufig als der Pate der meisten NFT-basierten Spiele angesehen, da es eine große Anziehungskraft ausübt und damit das Konzept einer einzigartigen digitalen Vermögenstransaktion und eines Blockchain-Systems zum ersten Mal der Öffentlichkeit vorgestellt wurde.

Inzwischen ist die Beliebtheit des Spiels und die Anziehungskraft auf die Spieler wieder etwas zurückgegangen. Als die Medien CryptoKitties und sein innovatives System überschwemmten, führten die Anziehungskraft und die Überproduktion von Kätzchen zu einem Zusammenbruch des Marktes, der viele Menschen von dem Spiel abbrachte.

Schon bald tauchten auf CryptoKitties zweitklassige Spiele auf, die von third-party Entwicklern erstellt wurden, die nichts mit dem Kernteam von CryptoKitties zu tun hatten. Das Besondere an CryptoKitties ist, dass solche Plug-ins ohne besondere Genehmigung entwickelt werden konnten: Die Entwickler haben ihre Anwendungen einfach auf dem CryptoKitty Smart Contract gehostet.

Spannend ist, dass CryptoKitties auch außerhalb seines ursprünglichen Umfelds funktionieren kann. Bei einem Kitty-Rennen zum Beispiel konkurrieren Katzenbesitzer miteinander um den ETH-Preis, und mit KittyHats kannst du deinem Haustier einen Hut und andere Elemente hinzufügen.

Später verschmolz CryptoKitties mit der DeFi-Technologie, die es ermöglichte, Katzen in funktionale ERC20-Token zu verwandeln, die an dezentralen Börsen gehandelt werden konnten. Das hatte allerlei interessante Auswirkungen auf den CryptoKitties-Markt. Darüber hinaus haben die neu gegründeten Dapper Labs diese Fähigkeiten in das KittyVerse-Projekt integriert.

Musik NFTs

Musikerinnen und Musiker haben begonnen, sich mit nicht-traditionellen Geschäften zu beschäftigen, um ihre Geldquellen zu erweitern, nachdem die Pandemie die Live-Musik-Auftritte zum Erliegen gebracht hat. Als eine der ersten Bands, die ein neues Album als NFT mit einem beweglichen digitalen Albumcover und einer speziellen physischen Schallplatte veröffentlichen, boten Kings of Leon ihren Fans auch die Möglichkeit, einen Super-Token zu kaufen, der ihnen Zugang zu VIP-Plätzen bei Auftritten verschaffte. Die Musikerin und Künstlerin Grimes hat Anfang des Jahres zehn digitale Kunstwerke versteigert und dabei insgesamt fast 6 Millionen US-Dollar für wohltätige Zwecke eingenommen. Neben der Authentizität und Rückverfolgbarkeit ermöglichen non-fungible Token Transaktionen den Künstler/innen, die Kosten für Mittelsmänner zu vermeiden, was dazu beitragen kann, das Problem der Musiker/innen zu lindern, die nicht von ihrer Arbeit profitieren können. Angesichts der Tatsache, dass die Technologie noch in den Kinderschuhen steckt, haben Fans ihre Unzufriedenheit über die schlechte Benutzererfahrung beim Kauf von NFTs geäußert, die häufig den Kauf von Kryptowährungen an einer Börse, die Erstellung und den Zugriff auf mehrere Krypto-Wallets und eine Reihe von Gebühren von Dritten erfordert, die den Preis des gekauften Tokens mehr als verdoppeln können. Während einige dies als Bedrohung empfinden, sehen andere darin eine Chance, Geld für Künstler/innen zu verdienen, die eine kleinere, aber treue Fangemeinde haben und sonst nur wenig an Streaming-Diensten verdienen.

Der Begriff "NFT" bezieht sich in diesem Kontext auf alle Arten von fungiblen Token, die durch die Blockchain gesichert sind und dem Besitzer Zugang zu Musik, Album-Covern oder Rechten an Videos, die mit Musik erstellt wurden, oder anderen exklusiven Inhalten gewähren. Jenseits der strengen Definition von nicht-fungiblen und fungiblen Token helfen musikalische NFTs Komponisten, Bands und Musikkünstlern dabei, auf neue Art und Weise mit den Zuhörern in Kontakt zu treten.

Musikfans sind in der Regel ein sehr engagiertes Publikum. Der Verkauf von Musik und Kunstwerken über die Blockchain ist eine Möglichkeit für Künstler/innen, eine direkte Beziehung zu ihrer Fangemeinde aufzubauen, ohne ein Plattenlabel oder einen Musikstreamingdienst zu benötigen. Dies kann zu größeren

Gewinnen für die Künstler/innen führen, da ein Zwischenhändler quasi umgangen werden kann.

Außerdem können die Künstler/innen NFTs für folgende spannende Möglichkeiten nutzen:

- Zur Vorfinanzierung des Albums
- Exklusive Songaufnahmen
- Unvergessliche Konzertmomente auf Video
- Sondereditionen von Musiktiteln
- Konzertkarten für die erste Reihe
- Zugang zur After-Show Party oder zum Backstagebereich

Die Künstler können den Fans diese Zusatzfunktionen anbieten, ohne dabei auf Agenturen angewiesen zu sein. Bei jedem Weiterverkauf profitieren sie außerdem von den eingebauten Tantiemen (Royalties), die im NFT festgelegt wurden.

Extrem spannend ist die Möglichkeit als Fan Besitzer eines Songs deines Lieblingskünstlers zu werden. Ich möchte dir das am Beispiel des Rappers "NAS" erklären, welcher im Anfang 2021 genau dieses Konzept umgesetzt hat und seinen Fans anbietet Teilhaber von zwei seiner Songs zu werden (Ultra Black & Rare). Dafür standen pro Song je 50% der Teilhaberschaft zum Verkauf, wobei die Fans mehrere Möglichkeiten hatten daran zu partizipieren. Der Musiker umgeht hiermit die Plattenlabels, welche gewöhnlicherweise ca. 75% der Royalties einstecken und lässt gleichzeitig seine Fans am Gewinn beteiligen. Ein gutes Geschäft für beide Seiten! Der Künstler erhält das Geld direkt bei Ausgabe des NFTs (Drop) und verdient lebenslang an dem NFT durch die Royalties welche am Sekundärmarkt beim Wiederverkauf des NFTs anfallen.

Beim Song Ultra Black konnten sich Fans folgendermaßen beteiligen:

- 50 $ für 0,0143% der Streaming Royalties for Life
- 250 $ für 0.0857% der Streaming Royalties for Life + exclusive Merch
- 5.000 $ für 2.14% der Streaming Royalties for Life + 2 VIP Concert Tickets + signierte Schallplatte uvm.

Die Fans können im Gegenzug, statt nur Merch zu kaufen, richtige Teilhaber von ihren Lieblingssongs werden und verdienen gleichzeitig an den Steaming Royalties passives Einkommen.

Hinzu kommt, dass der Rapper NAS auch in 10 Jahren immer noch nachvollziehen kann, wer die ersten „Believer" waren und weitere Benefits für diese Personen zum NFT hinzufügen, wodurch sich die Bindung zwischen Fans und Künstler noch mehr verbessern lässt.

Drei Top-Musik-NFTs

Mehrere Künstler/innen haben im letzten Jahr mit dem NFT-Konzept experimentiert und bei den Fans für Aufsehen gesorgt. Hier sind drei von ihnen:

Kings of Leon
Das NFT-Projekt "NFT Yourself" der Rockband Kings of Leon hat gezeigt, was für Musiker und die Kryptowelt möglich ist. Die Band verkaufte eine limitierte digitale Kopie ihres letzten Albums "When You See Yourself" als NFT, mit digitaler Kunst und einer Vinyl-Sammelplatte. Verschiedene andere Kunstwerke, die auf dem Thema des Albums basieren, werden ebenfalls zum Verkauf angeboten, einige mit besonderen Vergünstigungen wie Tickets für

die erste Reihe bei Kings of Leons Live-Show. Der Umsatz der NFT-Alben liegt bei etwa 2,5 Millionen Dollar.

Grimes

Der NFT aus dem Jahr 2021, der Musikerin und bildenden Künstlerin Grimes mit dem Namen WarNymphs ist nicht nur ein Musik-NFT, sondern eine Sammlung von digital erstellter Kunst und Musikvideos. Ein einzigartiges Werk namens "Death of the Old" wurde für fast 389.000 Dollar auf dem NFT-Marktplatz Nifty Gateway versteigert. Grimes' NFT-Projekt erzielte insgesamt rund 7 Millionen Dollar.

3LAU

DJ Justin Blau, besser bekannt unter dem Künstlernamen 3LAU, hat mit der Veröffentlichung seines ersten Blockchain-basierten Albums Ultraviolet Anfang 2021 Musikgeschichte geschrieben und 11,6 Millionen Dollar eingenommen - und das, obwohl ihm nur eine kleine Gruppe von Fans folgt und nur 33 NFT-bezogene Vinylplatten versteigert wurden. Er vermarktete seine Musik als NFTs auf verschiedene Weise, z. B. als streng limitierte Version eines Hit-Albums oder als exklusiven Zugang zu unveröffentlichten Songs. Dann veröffentlichte er weitere Musiktitel als NFTs, wobei die Besitzer an den Erlösen (Royalties) beteiligt wurden. Der Erfolg von 3LAU zeigt, wie wichtig es ist, das Konzept von Angebot und Nachfrage zu verstehen, und das bringt uns zu unserem nächsten Thema.

Film NFTs

Da einige Filmemacher das NFT-Phänomen nutzen wollen, um durch den Verkauf von Online-Sammelobjekten (wie Kunstwerke oder Teile der Filmmusik) Geld für neue Filme zu sammeln, die Veröffentlichung eines Films bekannt zu machen oder das Bewusstsein für ein bestimmtes Thema zu schärfen, ist auch die Filmindustrie auf den NFT Zug aufgesprungen. Zum Beispiel Adam Benzine, der im März 2021 zehn limitierte Kopien seines Oscar nominierten Dokumentarfilms "Claude Lanzmann: Spectres of the Shoah" aus dem Jahr 2015 auf dem Kryptowährungsmarktplatz Rarible für einen anfänglichen Verkaufspreis von 100 Ethereum angeboten hat. Ungefähr zur gleichen Zeit bot der Filmemacher Nick Box auf Mintable eine limitierte Auflage seines abendfüllenden Kunst-Horrorfilms "Elevator to Insanity" an, zusammen mit den VOD-Lizenzrechten für den Token - leider erhielt der Token keine Gebote und wurde daher vom Markt genommen. Obwohl NFTs das Potenzial haben, Filmemachern neue Einnahmequellen zu erschließen, indem sie es ihnen ermöglichen, Studios und Logistikunternehmen zu umgehen, um zusätzliche Mittel zu erhalten, haben sie sich bisher nicht als so attraktiv für NFT-Käufer erwiesen und wurden nicht so enthusiastisch aufgenommen wie die anderen zuvor beschriebenen Anwendungsfälle von NFTs. Es wird spekuliert, dass dieser mangelnde Erfolg eine direkte Folge des Problems mit dem begrenzten Speicherplatz auf der Blockchain sein könnte.

Perspektivisch bietet dieser Markt allerdings viele spannende Chancen. Fans könnten bestimmte Serien nur anschauen, wenn sie auch über den entsprechenden NFT verfügen. Dieser gilt quasi als

Eintrittskarte. Ein Beispiel dafür ist die Serie "Stoner Cats", welche von Schauspielerin Mila Kunis' Firma entwickelt wurde und die nur exklusiv für die NFT Inhaber verfügbar ist. Die 10.420 Stoner-Cats-NFTs wurden zu einem Preis von 0,35 ETH pro Stück zum Verkauf angeboten (entsprach einem Stückpreis von 785 US-Dollar). Nach gerade einmal 35 Minuten war der gesamte Bestand verkauft. Verantwortlich dafür war das große Medienecho und die sehr prominent besetzten Synchronsprecherstimmen. Immerhin leihen viele Prominente den Katzen ihre Stimmen, darunter Kunis selbst, Ashton Kutcher, Seth Mac Farlane, Chris Rock und Ethereum-Gründer Vitalik Buterin, der die verstorbene Katze Lord Catsington spricht.

Dieser Ansturm löste allerdings eine große Last auf das Ethereum Netzwerk aus, wodurch die Gas Preise sprunghaft anstiegen. Laut der Krypto Plattform Dune Analytics haben Nutzer rund 344 ETH (entspricht fast 800.000 US-Dollar) an Gasgebühren verloren, weil eine zu große Nachfrage bestand und manche Transaktionen nicht ausgeführt werden konnten. Lerne: Auch wenn die Transaktion nicht erfolgreich ist, sind die jeweilig hinterlegten Gasgebühren für den enttäuschten Käufer dann trotzdem verloren.

PFPs (Profilbilder) und Avatare NFTs

Diese Kategorie wird von Cryptopunks repräsentiert, die die Online-Identitäten von Menschen darstellen. Sie reichen von einfachen verpixelten 2D-Bildern bis hin zu hochwertigen 3D-Avataren (CloneX).

Einige dieser Projekte experimentierten mit geistigem Eigentum. Das beliebte Projekt CrypToadz des bekannten NFT-Erstellers Gremplin verwendet die Creative Commons Zero (CC0), bei der auf Urheberrechte verzichtet wird. Dieser Rahmen bedeutet, dass keine Rechte vorbehalten sind und jeder diese Bilder nutzen kann, ohne sie zu besitzen. CC0 hilft bei der Lösung des Problems, indem es den Urhebern die Möglichkeit gibt, auf alle Urheberrechte und verwandten Rechte an ihren Werken zu verzichten, soweit es das Gesetz zulässt. Für viele scheint die Freigabe eines NFT unter CC0 eine dumme Idee zu sein: Wenn jeder ein NFT frei verwenden kann, warum sollten Sammler es dann kaufen? Nun, CC0 ist der beste Weg, um von Netzwerkeffekten zu profitieren. Je mehr Menschen eine Kopie eines Projekts erstellen und es teilen, desto beliebter wird es und desto größer wird sein Netzwerk/deine Gemeinschaft. Wenn das Netzwerk wächst, steigt sein Wert exponentiell an, was sich letztlich auf den Wert des Projekts auswirkt. Andere Programme wie Boring Ape Yacht Club und Hashmasks bieten ebenfalls ein passives Einkommen. Besitzer von NFTs erhalten gelegentlich Airdrops (entweder in Form von NFTs oder in Form von fungiblen Token), die sie mit Gewinn verkaufen können. Zum Beispiel erhalten Besitzer von Hashmask $NCT-Token, die sie verkaufen oder verwenden können, um den Namen ihrer Hashmaske zu ändern.

Redeemable NFTs

Diese Art von NFT repräsentiert einen zugrunde liegenden Vermögenswert (wie eine Uhr, ein Gemälde, einen Turnschuh oder sogar Pokemon-Karten). Der Anbieter "Courtyards" ist in diesem Bereich wegweisend. Dafür werden dort physische Sammlerstücke in gesicherten Tresoren eingelagert, 3D-Darstellungen dieser Vermögenswerte erstellt und als nicht-fungible Token (NFT) auf der Blockchain gemintet. In Zukunft wird Courtyard die eingelösten Sammlerstücke über seine globale Infrastruktur sogar in mehr als 150 Länder versenden. Das bedeutet, dass du die Möglichkeit hast, den mit deinem NFT verbundenen Sachwert einzulösen. Der NFT wird auf einem Treuhandkonto hinterlegt, bis der Gegenstand an die Adresse des Käufers geliefert wurde. Sobald der Gegenstand geliefert wurde, verbrennt Courtyard den zugehörigen NFT. Falls derselbe Gegenstand wieder in das Courtyard-Protokoll aufgenommen wird, erstellen sie eine neue NFT für diesen Gegenstand. Das Ganze nennt sich NFT "burning". Indem du also NFTs verbrennst, kannst du die zugehörigen Sachwerte erhalten. Der Service von Courtyard ermöglicht es Käufern, ihre NFTs einfach zu verkaufen, ohne eine Uhr oder ein Gemälde ans andere Ende der Welt schicken zu müssen. Wenn ein bestimmter Käufer allerdings trotzdem die echte Uhr oder ein Gemälde besitzen möchte, kann er die physische Sache an seinen Standort schicken, indem er den NFT vernichtet.

Ein weiteres interessantes Projekt über physische und digitale Kunstwerke stammt von Damien Hirst. In seinem Projekt "Currency" hat er mit dem Konzept der Konvertierbarkeit experimentiert. Um es auf den Punkt zu bringen, stehen die

Sammler vor einem Dilemma: Sie müssen sich entscheiden, ob sie physische Kunst oder NFTs besitzen, ohne die Möglichkeit zu haben, beides zu besitzen. Deshalb hat jedes Gemälde ein digitales Eigentumszertifikat - einen sogenannten Non-Fungible-Token (NFT). Tatsächlich haben die Käufer jedes Werks 2.000 Dollar nur für den elektronischen Token bezahlt. Wenn sie das physische Kunstwerk haben wollten, mussten sie sich entscheiden, ihren Token bis zum 21. Juli 2022 einzutauschen. Dann wurde allerdings der Token zerstört. Wenn sie sich entscheiden, den Token zu behalten, wird das Kunstwerk vernichtet. Damien Hirst stellt sie vor die Aufgabe, dass sie nicht beides haben konnten.

Identität NFTs

Die Identität NFTs sind auch bekannt als Dezentralisierte Identität (DID) oder Souveräne Identität. Solche Dienste (wie XSL Labs) ermöglichen es Nutzern, ihre Zertifikate auf der Blockchain zu speichern und nur einen Teil davon weiterzugeben, wenn der externe Dienst sie benötigt. Wenn eine Plattform zum Beispiel das Alter und das Land des Wohnsitzes einer Person benötigt, bestätigt der dezentrale Identitätsdienst, dass Frau X über 18 Jahre alt ist und in Deutschland lebt. Der dezentrale Identitätsdienst wird nicht mehr als die erforderlichen Informationen weitergeben, wie z. B. das genaue Alter von Frau X oder ihre genaue Adresse. Hier gibt es ein extremes Wachstumspotenzial für die Zukunft, da nur die Daten übertragen werden, die das andere Unternehmen auch wirklich betreffen und dadurch der Schutz privater Daten in den Fokus gestärkt wird.

Web2 Datenbank NFTs

Du kannst Elemente der Datenbank in NFTs umwandeln. Das hilft den Verbrauchern, Daten auf einfache Weise von einem Dienst zum anderen zu übertragen. Dies kann auch zukünftige gemeinsame Standards garantieren, die in der Datenbank dringend benötigt werden. Mit Hilfe von Verschlüsselungsmethoden und dezentraler Datenspeicherung kannst du NFTs auf alles ausdehnen, was heute in zentralisierten Web2 Datenbanken gespeichert wird. Eine Web2-Datenbank kann etwas so Einfaches wie deine Datenzugriffspräferenzen oder etwas Fortgeschritteneres wie deinen gesamten Social Graph verwalten. NFTs ermöglichen es dir, nahtlos von einem Dienst zum anderen zu wechseln - und dabei die volle Kontrolle über deine eigenen Daten zu haben, was auch ein wichtiger Teil der Web3 Vision ist. Im Jahr 2021 erlebten wir eine Explosion von Innovationen rund um NFTs, ein Trend, der sich wahrscheinlich noch viele Jahre fortsetzen wird, da sich die Entwicklung von Web3 noch in einem frühen Stadium befindet. Als Beispiel dient hier die MetaMask Wallet, die eine klassische Web3 Anwendung darstellt.

Physische Vermögenswerte NFTs

Dies ist die bei weitem größte und am meisten unterschätzte Anwendung von NFTs. In der Zukunft wird ein großer Teil unserer materiellen Güter tokenisiert sein. Unsere Autos, Häuser, Stühle und Computer werden alle einen entsprechenden NFT haben, und das dadurch entstehende Entwicklungspotential ist unendlich. Denk an eine Konzertkarte, die du bei ebay gekauft hast. Du wusstest nie mit Sicherheit, ob es sich um eine echte Karte handelte oder ob ein Betrug vorlag. Mit NFTs kannst du dir sicher sein, dass das Ticket echt ist, und wenn du es kaufst, bist du auch der echte Besitzer des Tickets. Genauso verhält es sich mit wertvollen Gegenständen aus dem Haushalt. Nach einem Hausbrand kannst du sehr einfach deren Eigentum und Wert für die Versicherung belegen.

Zugangs NFTs

Der Zugang wird normalerweise über POAP (Proof of Attendance Protocol) gewährt. Du erhältst ein NFT mit einem QR-Code, mit dem du den Veranstaltungsort betreten kannst. Nach der Veranstaltung kannst du dieses NFT aufbewahren, um damit anzugeben, dass du an der Veranstaltung teilgenommen hast. Marketing-Agenturen/Unternehmen/Marken können ihren Kunden besondere Angebote machen, um zu beweisen, dass sie an verschiedenen Veranstaltungen teilgenommen oder besondere Güter gekauft haben.

Virtuelle Mode NFTs

Ähnlich wie Kunstwerke lösen NFTs das Problem der Authentizität und eliminieren die Möglichkeit von Fälschungen. Bekleidungs- und Modemarken profitieren zunehmend vom NFT-Trend, indem sie digitale Kleidungsstücke in limitierter Auflage herausbringen, die eine Kollektion berühmter Kreationen oder Design-Signaturen enthalten. Außerdem können Bekleidungs- und Modemarken von der Entwicklung von NFTs profitieren, indem sie NFT-Marktplätze für ihre Kleidung und Accessoires einrichten. So können sie in einer sicheren Umgebung nahezu unbegrenzte Einnahmen aus NFTs erzielen.

Sport NFTs

Mittlerweile gibt es auch Plattformen, welche NFT und Sportarten miteinander zu kombinieren. Anbieter wie NBA Top Shot hat ihren Fokus auf dem Basketball und Sorare ist eine Fussballcommunity. Der Trend breitet sich auch auf American Football und MLB sowie Basketball aus. NBA Top Shot ist ein im Oktober 2020 eingeführter Service, der es dir ermöglicht, die Highlights der NBA-Spieler als NFT zu besitzen. Bei der Karte handelt es sich nicht um ein Standbild, sondern um ein Highlight-Bild in NFT-Größe, das wie eine Art GIF den speziellen Moment einfängt und ihn als NFT darstellt. Anfang 2021 wurde ein einziger "LeBron James Cosmic Dunk" für 210.000 Dollar verkauft. Die spezifischen Plattformen werden dir im nächsten Kapitel nochmal detailliert vorgestellt.

Ethereum Name Service & Domain NFTs

Domainnamen sind ein gutes Beispiel für konkrete NFT-Anwendungsfälle. Domainnamen sind von Natur aus einzigartig, und ihre Tokenisierung erhöht ihre Liquidität. Die Ethereum Name Services (ENS) sind mit den klassischen Webdomains Domain Name Services (DNS) zu vergleichen. Man kann einen Namen für einen vorher definierten Zeitraum mieten und zahlt dafür eine Gebühr. Unstoppable Domains oder ENS bieten Blockchain-basierte Domains an, die als NFTs erhältlich sind. Blockchain-Domains können Unternehmen dabei helfen, in das Blockchain-Ökosystem einzusteigen und Zugang zu deren Vorteilen zu erhalten. Der größte Vorteil besteht darin, einen persönlichen Benutzernamen mit Avatar und andere Profildaten zu erstellen und diesen bei verschiedenen Diensten verwenden zu können. Bislang musste man dafür immer gesonderte Accounts erstellen. Das bedeutet kein copy and paste von langen Adressen mehr. Verwende deinen ENS-Namen, um alle deine Adressen zu speichern und jede Kryptowährung, jeden Token oder jeden NFT zu erhalten. Ob es sich um eine ENS handelt kannst du am besten an der Endung ".eth" erkennen. Allerdings lassen sich die ENS Adressen auch mit den klassischen DNS Adressen verwenden. Das macht besonders im Firmenkontext Sinn.

Auf NFT-Marktplätzen können Nutzer/innen ihre Domains handeln, was wiederum zu mehr Liquidität in dieser Nische führt. Die ENS Domain "cyberpunk.eth" steht gerade bei OpenSea zum Verkauf für 50 ETH, was aktuell ca. 145.000 Euro entspricht und vor 3 Jahren für nicht einmal 200 Euro Gas Gebühren gemintet wurde.

Sozialer Einfluss NFTs

Das wohl bekannteste Beispiel ist die Mittelbeschaffung für gemeinnützige Organisationen und Wohlfahrtsverbände. Non-Profit-Organisationen, die NFTs verkaufen, können sich neue Finanzierungsquellen erschließen, die auf herkömmlichem Wege nicht verfügbar sind, und sie können ihre Einnahmequellen diversifizieren. Wohltätigkeitsorganisationen profitieren davon, dass mit jeder Transaktion Geld eingenommen wird, da sie eine beständige und vorhersehbare Einnahmequelle haben. Eine gemeinnützige Organisation namens "Leyline" hat mit der Unterstützung von Künstlern und Entwicklern 60.000 US-Dollar durch den Verkauf von nicht-traditionellem Spielzeug (NFTs) gesammelt, um krebskranken Kindern bei der Beschaffung von medizinischem Material zu helfen.

Gemeinnützige Organisationen, die ihr physisches Vermögen zu Geld machen wollen, ohne den Zugriff darauf zu verlieren, können dies durch den Einsatz der Blockchain-Technologie tun, die auch als eine Art digitales Eigentum dient. Das Interesse der Menschen an neuen Formen des Besitzes von Vermögenswerten steigt mit der Verbreitung von NFTs, und NFTs ermöglichen es uns, seltene Artefakte in digitaler Form zu besitzen. Museen können dieses Phänomen zu ihrem Vorteil nutzen, indem sie Gemälde und Kunstgegenstände in Form von digitalen Vermögenswerten verkaufen und so zusätzliche Einnahmequellen erschließen, wie es die berühmte Russische Eremitage vorgemacht hat.

NFT-MARKTPLATZ

Jetzt denkst du, dass es endlich an der Zeit ist, herauszufinden, wie du selbst NFTs kaufen kannst. Dazu musst du allerdings wissen, welche Marktplätze es gibt und wie du sie erreichen kannst.

Was ist ein NFT-Marktplatz?

Wie der Name schon suggeriert, ist ein NFT-Marktplatz eine Online Plattform, auf der Käufer/innen und Verkäufer/innen zusammenkommen, um NFTs zu kaufen und zu verkaufen.

Aber wenn du einen NFT kaufst, was hast du dann? Darauf gibt es keine einheitliche Antwort, da der Besitz eines digitalen Zertifikats im digitalen Raum viele verschiedene Dinge bedeuten kann. Am besten lassen sich die Marktplätze damit vergleichen, dass wenn du in die Stadt zum Einkaufen gehst, gibt es einen Schuhladen, der sich nur auf Schuhe spezialisiert hat und einen Klamottenladen, der den Fokus auf der Bekleidung hat. Genauso verhält es sich mit den NFT Marktplätzen. Hier hat jeder eine etwas spezialisierte Ausrichtung, die du als Investor kennen solltest.

Hier ist eine Liste der wichtigsten NFT-Marktplätze für den Kauf bestimmter Arten von digitalen Vermögenswerten.

Wichtige Marktplätze

1) OpenSea

OpenSea ist der derzeit größte Marktplatz für Käufer/innen und Verkäufer/innen von nicht-fungiblen Token. Auf OpenSea können alle Arten von NFTs gekauft und verkauft werden. Es ist in etwas so wie eBay für digitale Kunst und Sammlerstücke. Die meisten neuen Projekte erscheinen zunächst direkt auf der Website der Künstler/innen, wo du diese dann sehr günstig "abbauen" ("minten") kannst. Häufig musst du nur die Gasgebühren und einen kleinen Zuschlag bezahlen. Nach dem sog. "Drop" werden die NFTs nur noch über einen Zweitmarkt wie OpenSea angeboten. Was OpenSea von seinen Hauptkonkurrenten NiftyGateway und SuperRare unterscheidet, ist seine Einfachheit. Normale Nutzer können ganz einfach NFTs zum Verkauf erstellen. Das hat sich als attraktiv für die Plattform erwiesen und ist ein Schlüsselfaktor für die Nutzerakzeptanz. Die Menschen können nicht nur Kunst kaufen und verkaufen, sondern auch sehen, wie ihre Kreationen auf dem freien Markt abschneiden. NFT-Marktplätze bieten eine sehr unkomplizierte Möglichkeit, Beziehungen zwischen Käufern und Verkäufern aufzubauen. Künstler/innen können ihre Werke anbieten und damit ausprobieren, ob sie einen Marktwert haben. Käufer/innen können diese NFTs kaufen, weil sie die Kunst mögen, Investitionspotenzial sehen oder Künstler/innen unterstützen wollen, um nur einige Beispiele zu nennen.

Außerdem ist die Oberfläche von OpenSea eine Peer-to-Peer-Plattform und sehr übersichtlich gestaltet, was bei vielen NFT-Seiten nicht immer der Fall ist. Die Erstellung deines eigenen NFTs ist sehr intuitiv und du kannst viele Parameter verwenden. Variable

Tantiemen auf spätere Verkäufe auf dem Sekundärmarkt bieten das Potenzial für passives Einkommen. Als NFT-Ersteller kannst du dich dafür entscheiden, einen bestimmten Prozentsatz von allen zukünftigen Verkäufen zu erhalten. Allerdings können allzu gierige Künstler die Verkäufe zunichte machen. Im weiteren Verlauf zeige ich dir eine Anleitung, wie du bei OpenSea vorgehen kannst.

2) Für Basketball: NBA Top Shot

Selbstverständlich hat eine der beliebtesten Sportarten Amerikas ebenfalls einen NFT-Markt. Die Plattform ist ein Joint Venture zwischen der NBA und Dapper Labs, dem sehr erfolgreichen Blockchain Unternehmen, das uns die berühmten CryptoKitties bescherte.

NBA Top Shot wurde im Oktober 2020 der Öffentlichkeit vorgestellt und beschreibt sich selbst als "ein revolutionäres neues Erlebnis", bei dem du mitreißende Spiele und unvergessene Highlights für immer erleben kannst. Inzwischen wird NBA Top Shot auf mehr als 7 Milliarden Dollar geschätzt, was das attraktive Potenzial von NFTs unterstreicht. Die Plattform verkauft in erster Linie digitale Sammelkarten deiner NBA-Lieblingsspieler/innen, die aber dank der Blockchain unersetzlich sind. Jede virtuelle NFT Karte enthält ein "Moment"-Segment, das die Statistiken der Spieler und Wiederholungen von Spielhöhepunkten enthält.

3) Für Fußball: Sorare

Sorare ist ein Blockchain-Fantasy-Fußballspiel, bei dem du für die Zusammenstellung deines Teams, die Teilnahme an virtuellen Turnieren und den Handel mit virtuellen Sammelkarten belohnt werden kannst. Alles, was du tun musst, ist, dein Lieblingsteam auszuwählen und dafür belohnt zu werden, wenn deine Spieler im echten Leben großartige Leistungen zeigen. Es ist etwa mit dem Sammeln von Panini-Bildern vergleichbar. Jede Karte entspricht einem NFT und besitzt unterschiedliche Spielfunktionen.

Es wurde von Nicolas Julia und Adrien Montfort entwickelt und basiert im Wesentlichen auf dem Konzept des Fußball-Fantasy-Tradings, bei dem die Nutzer/innen Spielerkarten sammeln und ihre Teams zusammenstellen, um in wöchentlichen Spielen gegeneinander anzutreten. Bei Sorare kaufen die Nutzer/innen die Karten ihrer Lieblingsspieler/innen nicht mit herkömmlichem Bargeld, sondern mit Ether. Der 2018 gestartete NFT-Marktplatz richtet sich an über 2 Milliarden Fußballfans weltweit und egal ob du als Kind Sammelkarten gekauft hast oder ein eigenes FIFA Ultimate Team aufgebaut hast. Nach kurzer Zeit wirst du bereits verstehen, warum dieses Spiel so viele Benutzer in ihren Bann zieht.

An dieser Stelle kommt nämlich die Idee der Seltenheit (scarcity) ins Spiel, die auf Sorare angewendet wird. Da es immer nur eine bestimmte Anzahl von Karten für jeden einzelnen Spieler gibt, werden sie je nach ihrer Seltenheit immer wertvoller, und zwar auch im Laufe der Zeit.

In einer bestimmten Saison wird für jeden Fußballspieler die folgende Anzahl an Karten erstellt (geprägt): 100 seltene Exemplare (rote Karten oder Rare), 10 super seltene Exemplare (blaue Karten oder Super Rare), 1 einzigartiges Exemplar (schwarze Karte oder Unique) sowie eine unbestimmte Reihe sogenannter "gewöhnlicher" Karten (gelbe Karten oder Limited), um auch Anfängern den Einstieg in das Sorare-Spiel zu ermöglichen. Es versteht sich von selbst, dass die in kleineren Stückzahlen produzierten Typen einen exponentiell höheren Wert haben, sowohl aus wirtschaftlicher Sicht, als auch in der Dynamik des Spiels, die wir weiter unten vertiefen werden.

Ein Nachteil ist, dass du mit den kostenlosen Karten nur in der Rookie-Liga spielen kannst. Wenn du an den anderen Wettbewerben teilnehmen willst, bei denen du Karten und ETH-Belohnungen gewinnen kannst, musst du mindestens 5 seltene Karten kaufen. Wenn du dich etwas mit Fußball auskennst, kann sich diese Anfangsinvestition allerdings schon sehr schnell für dich lohnen.

Sorare hat mittlerweile über 100 Mitgliedsvereine aus der ganzen Welt, und jede Woche kommen neue hinzu. Der Zuspruch von globalen Ligen und Mannschaften ist bemerkenswert: Große europäische Teams wie Liverpool, Real Madrid, Paris Saint-Germain FC, Bayern München, Juventus und Atletico Madrid sind auf der Plattform vertreten. Derzeit sind 126 Vereine auf der Plattform registriert. Sorare möchte die Zahl der registrierten Mannschaften in naher Zukunft verdoppeln.

4) Für virtuelle Immobilien: Decentraland

Decentraland ist eine Software, die auf Ethereum läuft und ein globales Netzwerk von Nutzern dazu anregen soll, eine gemeinsame virtuelle Welt zu besitzen. Decentraland-Nutzer/innen können digitale Immobilien kaufen und verkaufen, während sie sich in dieser virtuellen Welt bewegen und Spiele spielen.

Wenn du mit virtuellen Open World Spielen wie SecondLife oder Minecraft vertraut bist, wirst du dich auch im Decentraland im Handumdrehen zurechtfinden. Jedoch werden einzelne

Grundstücke auf dem NFT-Marktplatz für mehrere tausend Dollar gehandelt.

In der Kunstwelt wird Decentraland immer beliebter, da digitale Künstler/innen hier spannende Chancen sehen, um Immobilien zu kaufen und darin Kunstgalerien einzurichten, in denen sie ihre Werke präsentieren können. Sogar Sotheby's, eines der berühmtesten Auktionshäuser der Welt, hat jetzt eine virtuelle Galerie in Decentraland und Adidas eröffnete jüngst einen eigenen virtuellen Decentraland Store. Selbst klassische Banken wie JP Morgan haben sich mittlerweile virtuelle Grundstücke gesichert.

5) Für Videospiele: Axie Infinity

Wie du sicherlich weißt, können professionelle Spieler/innen mit dem Spielen von Videospielen (League of Legens, Call of Duty etc.) eine anständige Summe Geld verdienen. Axie Infinity brachte hier allerdings nochmal vollkommen neue Möglichkeiten für Jedermann.

Axie Infinity ist inspiriert von Nintendos beliebter Pokémon-Serie. Du sammelst liebenswerte Monster und lässt sie in cartoonartigen Kämpfen gegeneinander antreten. Beim Einstieg muss mit einer Investitition gerechnet werden, wodurch die Anfangsinvestition wesentlich höher ist als bei einem durchschnittlichen PlayStation- oder Xbox-Spiel. Der Vorteil ist jedoch, dass du deine Axie NFTs tatsächlich besitzt und sie weiterverkaufen kannst. Außerdem belohnt dich das Spiel mit Krypto-Tokens, die du gegen Geld eintauschen kannst.

Jeder Axie hat eine Reihe spezifischer Eigenschaften, die bestimmen, wie er sich in der Hitze des Gefechts gegen andere schlägt. Insgesamt haben Axies vier Eigenschaften: Gesundheit, Moral, Geschicklichkeit und Geschwindigkeit. Diese Eigenschaften hängen jedoch von den Körperteilen ab, die dein Axie hat.

Du musst nicht unbedingt Axie Infinity spielen, um davon zu profitieren. Wenn du einen Wert im Axie-Universum siehst, können AXS-Token eine Wette auf die Verbreitung von NFT-Spielplattformen sein. Zum Zeitpunkt der Erstellung dieses Artikels gibt es über 90.000 monatlich aktive Spieler aus aller Welt auf Axie Infinity. Das teuerste Axie-Haustier, das bisher verkauft wurde, kostete 300 ETH, also etwa 788.000 Dollar.

6) Für Tweets: Valuables

Ein malaysischer Geschäftsmann hat den ersten Tweet von Twitter-Chef Jack Dorsey für 2,9 Millionen Dollar gekauft und damit die NFT-Welt aufgewirbelt. Der geeignete NFT-Marktplatz nennt sich "Valuables" und ist die richtige Adresse hierfür, da er sich auf den Kauf und Verkauf von Tweets konzentriert. Du kannst einfach nach einem beliebigem Tweet suchen, dessen URL kopieren und in die Suchleiste einfügen. Valuables informiert den Ersteller des Tweets, dass jemand an einem Kauf interessiert ist.

Sei darauf vorbereitet, dass eine andere Person an demselben Tweet interessiert ist und ein Gegengebot abgibt, um dich zu überbieten. Sobald der Eigentümer des Tweets das Gebot annimmt, wird ein NFT mit der Unterschrift des Eigentümers für den Käufer geprägt.

Damit könntest du wie mein Kumpel Eshveen am Anfang des Buches bei Elon Musk anfragen, ob du seinen Tweet kaufen kannst. Du spekulierst hierbei auf eine zukünftige Wertsteigerung des Tweets. Demzufolge sollte der Tweet etwas ganz besonderes darstellen, sodass er auch in der Zukunft noch interessant ist. Da sich die Plattform rein auf Twitter fokussiert, kann so gut wie jeder seine Tweets zum Verkauf anbieten kann, was eine noch nie dagewesene Marktzugänglichkeit ermöglicht. Wenn du dir die wöchentliche Verkäuferliste bei Valuables ansiehst, wirst du feststellen, dass die meisten von ihnen regelmäßige Twitter-Nutzer/innen wie du und ich sind.

7) Für Musik: The Musician Marketplace

The Musician Marketplace funktioniert ähnlich wie eine typische E-Commerce-Website, nur dass Künstler und Käufer mit ETH-Tokens statt mit herkömmlichen Online-Zahlungsmethoden Transaktionen durchführen.

Käufer/innen können auf der Plattform Musiker/innen, Komponist/innen, Produzent/innen und Musikbeispiele entdecken. Künstler/innen wiederum können ihre Arbeit als Produzent/in, Komponist/in oder Solist/in verkaufen und sogar Fernunterricht und Live-Auftritte anbieten.

Je nachdem was du verkaufen möchtest, bietet The Musician Marketplace den Verkäufer/innen drei verschiedene NFT Pakete an.

Als Künstler erhältst du die Auswahlmöglichkeit, mit denen du dich in 4 Branchen listen kannst, wie z.B. fertige Tracks, Fernunterricht, maßgeschneiderte Musik und Live-Auftritte. Du kannst die Tokenisierung deiner Musik ohne zusätzliche Kosten beantragen, du zahlst nur für das Gas. Im Gegensatz zu Open Sea und anderen NFT-Marktplätzen, die 2,5 % oder sogar 5 % Gebühren verlangen, möchten sie Musikern helfen. Du zahlst einen festen Mitgliedsbeitrag von 199 US-Dollar pro Jahr.

Eine weitere spannende Alternative ist die Verwendung lizenzierter Musik für Werbezwecke im Unternehmenskontext. Du kannst dich direkt an das Team wenden, wenn du z. B. einen Identitätssong für ein neues Produkt, maßgeschneiderte Hintergrundmusik für eine Fernsehsendung, Musik für Sportveranstaltungen oder die Planung eines Megakonzerts benötigst. Das PR-Team hat gute Kontakte zu Stars wie Shakira und Ricky Martin.

8) Rarible

Ähnlich wie OpenSea ist Rarible ein demokratischer, offener Marktplatz, auf dem Künstler und Kreative NFTs ausgeben und verkaufen können. Die auf der Plattform ausgegebenen RARI-Tokens ermöglichen es den Inhabern, Funktionen wie Gebühren und Community-Regeln festzulegen. Rarible ist eine der am besten zugänglichen Websites für Künstler/innen und Sammler/innen, die in das neue Jahrhundert der NFT einsteigen wollen. Die Plattform macht das Hochladen von Inhalten zur Erstellung von NFTs so einfach wie das Hochladen eines Instagram Beitrages. In einem Markt mit massiven Open-Access-Webplattformen, die nur auf Einladung zugänglich sind, ist Rarible die einzige NFT-Website, die es neuen Urhebern ermöglicht, ihre Arbeit zu verkaufen, sobald sie sich angemeldet haben. Gleichzeitig führte diese Offenheit zu einer Flut von Werken auf der Seite. Daraufhin mussten die schwachen Urheberrechtsrichtlinien angepasst werden, wodurch es mittlerweile schwieriger geworden ist auf der Plattform als Creator aufzutreten. Die Preise für die Werke auf der Plattform variieren stark und reichen von ein paar Dollar bis zu Zehntausenden von Dollar.

9) Foundation

Dieser Marktplatz ist etwas exklusiver und schwieriger zugänglich für den normalen Nutzer. Hier müssen Künstler/innen "Likes" oder Einladungen von anderen Kreativen erhalten, um ihre Kunst zu veröffentlichen. Die Exklusivität der Community und die Kosten für den Eintritt bedeuten, dass dort ein höheres Kunstniveau vorherrscht. Die Künstler müssen in diesem Fall lediglich "Gas" kaufen, um NFTs zu prägen. Chris Torres, der berühmte Schöpfer von Nyan Cat, hat zum Beispiel NFTs auf der Foundation-Plattform verkauft. Solche Berühmtheiten können einzelnen Marktplätzen enormen Aufwind verschaffen. Du kannst das mit bspw. Ronaldo vergleichen, der eine gewisse Klamottenmarke trägt und das Label dadurch pusht.

10) SuperRare

SuperRare ist ein Marktplatz zum Sammeln und Tauschen einzigartiger digitaler Kunstwerke in Einzelauflagen. Jedes Kunstwerk wird authentisch von einem Künstler des Netzwerks erstellt und als digitales Krypto-Sammelobjekt, das du besitzen und tauschen kannst, in Token umgewandelt. Du kannst dir SuperRare als eine Mischung aus Instagram und dem Auktionshaus Christies vorstellen. Eine neue Art, mit Kunst, Kultur und Sammeln im Internet zu interagieren!

SuperRare ist laut eigenem Ermessen stolz darauf, eine NFT-Handelsplattform für digitale Künstler zu sein. Du wirst hier keine Memes, Textbeiträge oder Bilder zum Verkauf finden. Die Sammlung von SuperRare ist sorgfältig kuratiert, und das Team hat die Aufnahme neuer Künstler/innen auf die Plattform bewusst verlangsamt. Daher ist das Durchstöbern von SuperRare wie ein

Besuch in einer digitalen Boutique-Galerie und umfasst viele wundervolle Sammlungen von NFTs, in welche die Künstler Tausende von Arbeitsstunden investiert haben. Im Vergleich zu OpenSea ist es mit gerade einmal 28.000 Werken relativ klein. Dadurch ist es allerdings auch etwas besonders auf der Plattform verkaufen zu dürfen, wodurch der besondere Boutique Charakter erhalten bleiben soll. Der Gemeinschaft aus Künstlern und Sammlern wird auf der Plattform ein hohes Maß an Einfluss- und Mitbestimmungsrechts eingeräumt, welche neuen Features und Funktionen hinzugefügt werden sollen.

Marktplatz Zusammenfassung:

Es gibt für fast jedes digitale Produkt einen spezialisierten NFT-Marktplatz, was zeigt, dass alles verkauft werden kann. Der Aufstieg des NFT-Marktes zeigt außerdem, dass Ingame-Assets, obwohl sie digital sind, trotzdem einen Wert haben. Die Welt der NFTs ist zwar immer noch eine Nische und für Unbeteiligte nur schwer nachzuvollziehen. Der Markt wird entscheiden, wie sich diese Investmentklasse weiterentwickelt und welche Marktplätze sich langfristig durchsetzen. Auch wenn es auf diesen und anderen Plattformen Tausende von NFT-Erstellern und -Sammlern gibt, solltest du dich vor dem Kauf immer genau informieren. Manche Künstler/innen werden Opfer von Betrügern, die ihre Werke ohne ihre Erlaubnis anbieten und verkaufen. Deshalb möchte ich dir im nächsten Kapitel zeigen, wie du vertrauenswürdige Marktplätze findest.

Finde vertrauenswürdige Marktplätze

NFT-Entwickler auf dem Markt müssen ein Benutzererlebnis schaffen, das es sowohl Künstlern als auch Käufern leicht macht, die benötigten Dateien zu finden, und nahtlose Backend-Prozesse für komplexe Transaktionen bieten. Hierfür gibt es einige Merkmale, an denen du eine gute Plattform erkennen kannst.

1) Storefront / Schaufenster

NFT-Marktplätze sind ähnlich wie E-Commerce-Websites. Sie benötigen ein attraktives und intuitives Frontend. Der Administrator muss entscheiden, wie viele Informationen für jede Datei angezeigt werden sollen. Wie Sammler von Kunstwerken wollen auch NFT-Käufer die Herkunft und Echtheit ihrer Dokumente kennen.

Sie wollen auch die Seltenheit ihrer NFTs kennen. Während du ein einzelnes NFT nicht vervielfältigen kannst, können Künstler/innen mehrere NFTs desselben Bildes veröffentlichen. Der Markt wird diese Etiketten mit etwas wie "2 von 10" kennzeichnen. Wie bei den physischen Sammelkarten suchen die Sammler nach einzigartigen NFTs.

2) Suche nach einem Artikel

Einige der ersten Marktplätze wie OpenSea waren Allzweck-Marktplätze für den Handel mit allen NFT. Neuere Märkte konzentrieren sich meist auf eine bestimmte Nische. Unabhängig davon, was auf der Website angeboten wird, gibt es in der Regel eine Suchfunktion, um den Kaufprozess zu beschleunigen. Eine große Vielfalt ist zwar auf der einen Seite praktisch, allerdings bieten Nischen-Plattformen die Möglichkeit etwas ganz besonderes zu finden.

3) Screening

Suchfilter sind eine weitere Möglichkeit, das Käufererlebnis zu verbessern. Menschen, die NFTs als Investitionen betrachten, haben andere Standards als Sammler. Als Nutzer kannst du die Artikel normalerweise nach Kategorien wie Preis, Seltenheit und Künstler sortieren. Die Daten werden dir in einem ansprechenden und nachvollziehbaren Format zur Verfügung gestellt und sind authentisch.

4) Produktquelle

NFT-Marktplätze müssen ein positives Erlebnis für Käufer/innen und Verkäufer/innen bieten. Eine gut konzipierte NFT-Plattform bietet einen Schritt-für-Schritt-Pfad, der es einfach macht, wenn jemand Dateien einstellen möchte. Der Marktplatz sollte klare Anweisungen zum Hochladen von Dateien sowie ein Formular zur Angabe von Verkaufsinformationen enthalten.

5) Auflistung

Beide Parteien einer NFT-Transaktion brauchen Informationen über den Prozess. Für Verkäufer/innen kann der Marktplatz Daten darüber auflisten, wie viele Personen die Dokumente und Gebote während einer Auktion angesehen haben. Die Website kann sie auch benachrichtigen, wenn jemand ein Angebot abgibt. Käufer/innen wollen wissen, ob das Dokument vor dem Kauf einen Authentifizierungsprozess durchlaufen hat. Den Status geben qualifizierte Plattformen gerne auf ihren Objektbeschreibungen preis und sind dadurch für Sammler attraktiver.

6) Einkaufen und Auktionen

Die NFT-Entwickler können eine Vielzahl von Verkaufsmechanismen für deine Website anbieten. Beliebte Künstler/innen erzielen oft die besten Preise bei zeitlich begrenzten Auktionen, da der Wettbewerb die Kosten schnell in die Höhe treiben kann.

Direkt zu kaufen und zu verkaufen ist ein einfacher Prozess. Die Verwendung von Smart Contracts auf der Blockchain erfordert jedoch mehr Entwicklung als Zahlungsgateways für traditionelle E-Commerce-Seiten. Mach dir bewusst, dass du im Zweifelsfall nicht mehr an dein Geld rankommst, da es sich hier um einen nicht reglementierten Markt handelt. Deshalb handele zu Beginn erstmal nur auf den großen Plattformen.

7) Wallet

Technisch versierten Verbrauchern ist die Sicherheit ihrer Krypto-Wallets genauso wichtig wie die ihrer anderen Finanzdaten. Ein vertraunsvoller NFT-Marktplatz sollte es den Nutzern ermöglichen, ihre eigenen Krypto-Wallet-Lösungen zu verwenden.

8) Bewertung

Bewertungen sind ein nützliches Instrument für Käufer/innen und Verkäufer/innen. Es ist wahrscheinlicher, dass Menschen mit seriösen Menschen Geschäfte machen. Das Bewertungssystem verhindert auch negatives Verhalten, wie z. B. falsche Angaben oder den Ausstieg aus einer Transaktion, bevor der Smart Contract in Kraft getreten ist. Falls möglich, verschaffe dir einen Überblick über die letzten Bewertungen deines Vertragspartners.

Wie Du den Marktplatz nutzt

Wie du jetzt weißt, sind NFT-Marktplätze Plattformen, auf denen NFTs gelagert, ausgestellt, gehandelt und in einigen Fällen auch geprägt (erstellt) werden können. Diese Marktplätze sind für NFTs das, was für Amazon oder eBay Waren sind.

Um auf diese Art von Marktplätzen zuzugreifen und sie zu nutzen, brauchst du Folgendes:

- Krypto-Wallet: Du musst eine Wallet wählen, die mit dem Blockchain-Netzwerk kompatibel ist, das die NFT unterstützt, die du kaufen möchtest. Wenn du zum Beispiel NFTs kaufen oder verkaufen willst, die auf der Ethereum-Blockchain-Plattform basieren, musst du eine kompatible Ethereum-Wallet wie MetaMask verwenden
- Mehrere Coins in deinem Portemonnaie: Bevor du NFTs kaufst, auflistest oder prägst, musst du deine Wallet aufladen. Auch hier musst du herausfinden, welche Kryptowährungen von dem Markt, den du nutzen willst, unterstützt werden
- Benutzerkonto: Du musst ein Konto auf dem jeweiligen Marktplatz einrichten, auf dem du NFTs kaufen möchtest.

Es ist erwähnenswert, dass in den meisten Fällen für das Auflisten und Erstellen von NFTs auf Marktplatzplattformen Blockchain-Netzwerkgebühren anfallen. Die Gebühren hängen davon ab, welches Blockchain-basierte System du verwenden möchtest. Ethereum hat zum Beispiel das größte Ökosystem von NFT dApps. Es ist aber auch das teuerste. Mehr Infos folgen in den nächsten Kapiteln.

Einblick in die NFT-Kultur

Der NFT-Wahn ist in den letzten Jahren aufgrund der steigenden Transaktionspreise entstanden, aber in Europa und den Vereinigten Staaten gibt es NFT-Geschäfte schon seit einigen Jahren.

In der Welt der Kryptowährungen haben NFTs eine eigene Kommunikationskultur, die Stil, Hintergrundkonzepte, Ausgabe- und Verkaufsmethoden sowie eine Reihe von festgelegten Richtlinien umfasst. Wenn du beabsichtigst, ein NFT-Creator zu werden, musst du zunächst mit den Details der oben genannten Punkte vertraut sein.

Um in den Twitter oder Discord Communities auch nur ein Wort zu verstehen, solltest du über die wichtigsten Abkürzungen Bescheid wissen. Die NFT Sprache folgt keinem definierten Standard, sondern setzt sich aus unterschiedlichen Einflussbereichen zusammen. Dabei treffen bekannte Abkürzungen aus der Internetcommunity ("omg") auf Wortneuschöpfungen aus der Kryptoszene (I aped BAYC). Im Prinzip geht es immer darum in kurzer Zeit so viele wichtige Informationen wie möglich unterzubringen. Bist du aber mit dem Vokabular noch nicht vertraut wirst du auch nur Bahnhof verstehen. Die Sprache ist in den allermeisten Fällen englisch.

Der Twitter Nutzer @punk6529 hat eine Terminologieliste erstellt, um Neulingen den Einstieg zu erleichtern. Ich habe hier die wichtigsten, englischen Bezeichnungen und Abkürzungen zusammengetragen und auf deutsch übersetzt. Schaue gerne bei ihm auf Twitter vorbei. Er führt die Liste immer weiter fort.

1. GM

GM bedeutet "Guten Morgen". Wir sagen uns gegenseitig "Guten Morgen", weil wir eine freundliche, fröhliche und optimistische globale Gemeinschaft sind und es schön ist, seinen Freunden zu Beginn des Tages "Guten Morgen" zu sagen.

2.GN

GN bedeutet "gute Nacht". Wir sagen uns gute Nacht, weil wir eine freundliche, fröhliche und optimistische globale Gemeinschaft sind und es schön ist, seinen Freunden am Ende des Tages gute Nacht zu sagen (20 Stunden nachdem man gm gesagt hat und 4 Stunden bevor man wieder gm sagt).

3. Ser

Ser bedeutet "Herr". Es ist eine Möglichkeit, sich respektvoll vorzustellen oder vielleicht einen anderen Standpunkt zu vertreten.

4. Fren

Fren bedeutet "Freund", denn wir sind alle Freunde, die gemeinsam auf einer glücklichen Mission unterwegs sind.

5. GMI/WAGMI

"Gonna Make It" / "We All Gonna Make It".

Der glückliche zukünftige Zustand, wenn jeder unsere JPGs so versteht wie wir. "Das MOMA (museum of modern arts) hat gerade einen Punk gekauft. WAGMI".

6. NGMI

"Not gonna make it" – "Ich werde es nicht schaffen".

Am besten in einer selbstironischen Art und Weise über die eigenen schlechten Entscheidungen: "Habe eine Fidenza für 5ETH verkauft. NGMI".

7. McDonalds

Unser Reserve-Karriereplan für den Fall, dass das NGMI-Szenario wahr wird: "Verkaufe eine Fidenza für 5ETH. Bewirb dich jetzt bei McDonald's".

8. LL

Larvalabs, die Macher von Punks, Autoglyphen und Meebits "LL tweets selten".

9. AB

ArtBlocks, die wichtigste Plattform für generative Kunst in der Welt, hat drei Sammlungen: "Curated" (ABC), "Playground" und "Factory".

10. Generative Kunst

Kunst, die algorithmisch erzeugt wird, idealerweise in Echtzeit, wenn sie geprägt wird. "Sie ist ein heller neuer Stern in der Gen Art".

11. PFP

Profilbild. Die Punks, Affen, Katzen, Hunde, Skelette und so weiter, die wir alle in unserem Proto-Metaverse von Twitter und Discord benutzen. That golden snail PFP is sick".

12. Looks Rare / Sieht selten aus

Seltenheit ist in diesem Bereich oft ein Werttreiber. Ironisch verwendet.

13. FOMO

Die Furcht, etwas zu verpassen. Du kaufst ein NFT, weil du Angst hast, das nächste große Ding zu verpassen. "I FOMOed into Golden Snails and I am not sure why."

14. COPE

Das Gegenteil von FOMO. Ein NFT nicht zu kaufen, weil man seinen Fehler von vorhin, nicht zu einem Zehntel des Preises zu FOMOen, verkraftet. "I know Golden Snails are up 50x and heading to Christie's, but I didn't like the launch so staying out" "OK, LOL, cope"

15. 1:1 Kunst

Kunst, bei der jedes Stück einzigartig ist (1 von 1). Dies kann im Gegensatz zu PFP- und Generative Art-Sammlungen gesehen werden, die in der Regel zwischen 200 und 10.000 Stück umfassen. "1:1 szn is coming soon".

16. Szn

Szn bedeutet Saison, was Marktzyklus bedeutet. Krypto szns sind beschleunigte IRL-Saisons. NFT szns sind verkürzte Krypto-Saisons. Sie können nur 1-4 Wochen dauern.

17. IRL

IRL bedeutet In Real Life, auch bekannt als die Welt jenseits von OpenSea, Twitter und Discord. Es ist nicht empfehlenswert, dort zu viel Zeit zu verbringen. Im IRL gibt es keine ausreichend guten JPGs.

18. Probably Nothing / Wahrscheinlich nichts

"Probably nothing" means "probably something". "Wahrscheinlich nichts" bedeutet "wahrscheinlich etwas". Es ist der höfliche Weg zur FOMO, mit gerade noch plausibler Bestreitbarkeit. "Visa bought a punk. Probably nothing".

19. Up only Nur oben

Ursprünglich bekannt gemacht von @Cryptopathic für ETH in diesem Jahr. Es ist die von allen gewünschte Richtung der NFT-Preise, sicherlich besser als die weniger beliebte Alternative "Down only".

20. Liquidität

Verfügbare ETH, um JPGs zu kaufen.

Dies ist ironischerweise ein unmöglicher Zustand. Jede verfügbare ETH wird sofort in JPGs umgewandelt, sodass sich jeder in einem Zustand ständiger Illiquidität befindet.

21. Mint / Minting

Der Akt der Erstausgabe eines Kunstwerks auf der Blockchain, entweder durch den Künstler oder den Sammler. " Wow, beautiful picture. Mint it!"

22. HEN

Ein absolut ärgerlicher Marktplatz für Kunst, der auf der Tezos-Blockchain herausgegeben wird und Folgendes kombiniert: a) riesige Mengen interessanter und preiswerter NFTs und b) die schlechteste Benutzeroberfläche, die seit Jahrzehnten von einer Marktplatz-Website gemacht wurde.

23. 1/1 von X

Die Art und Weise, wie du über PFP und Gen-Art-Sammlungen denkst. Punks sind 1/1 von 10.000. Fidenzas sind 1/1 von 999. Jedes Stück ist einzigartig, aber sie gehören zu einer zusammenhängenden Sammlung, im Gegensatz zu 1:1 Kunst.

24. Right Click Save As / Rechtsklick Speichern unter

Der erste Trick eines jeden Nicht-NFTlers, wenn er etwas über NFTs erfährt – die Demonstration seiner enormen technischen Fähigkeiten, ein Bild von einem Webbrowser herunterzuladen.

Noob: "I Right Click Saved 6529 and now it is my PFP" 6529: "Go right ahead"

25. This is the way / Das ist der Weg

Eine Möglichkeit, sozial positives Verhalten zu loben: "She never shilled her project" "This is the way". "Sie hat ihr Projekt nie verraten" "Das ist der richtige Weg".

26. Bodenpreis

Der niedrigste verfügbare Angebotspreis auf OpenSea / Larvalabs/etc entweder für eine Sammlung als Ganzes oder für eine Teilmenge der Sammlung. "Golden Snails have hit a 3ETH Floor, but Golden Snail Nerd Glasses are 12ETH floor this morning"

27. OG

OG bedeutet Original Gangster. Erstmals durch den Hiphop der 1990er Jahre populär geworden, fließt der Super-Lindy-Begriff einfach durch eine Gemeinde nach der anderen. Er bezeichnet die Leute, die schon früh hier waren und sich Respekt verdient haben. "He is an OG punk holder" – "Er ist ein OG-Punk-Halter"

28. Alpha

Alpha ist ein Begriff aus der Investment-/Hedgefonds-Gemeinschaft, der die Outperformance bezeichnet, die durch die Fähigkeiten des Vermögensverwalters im Vergleich zum Beta (der Marktentwicklung) erzielt wird.

Das Alpha der meisten Menschen in der Realität und in der Kryptowelt ist ein getarntes Beta. "She dropping serious alpha today" – "Sie wirft heute ernsthaft Alpha ab"

29. Its money laundering

Damit soll suggeriert werden, dass die NFT-Preise nicht real sind, weil die Leute NFTs zur Geldwäsche nutzen. Der genaue Mechanismus, wie das in hochliquiden Märkten funktioniert, wird nie beschrieben. Dies ist eine spezielle Form der IRL- und Krypto-Twitter-Bewältigung über NFTs

30. JPGs

JPGs bezieht sich auf unsere NFTs, die JPGs oder GIFs oder PNGs oder Audio- oder Videodateien oder Computerspiele sein können. Es ist eine Rückforderung einer Beleidigung für die Gemeinschaft, da viele Normalos denken: "Aber ihr kauft doch nur JPGs, seid ihr verrückt?" "Die werden niemals unsere JPGs klauen".

31. Delist

Deliste deine NFTs bei Opensea (biete sie nicht mehr zum Verkauf an), denn die Preise steigen rapide und sie könnten verkauft werden und die Markterwartungen an ihren Wert haben sich geändert. "Golden Snail 5ETH floor. Delist!" Auch verwandt mit: "Hide your JPGs".

32. Discord

Eine Messaging-Plattform, die vor allem von NFT Twitter für NFT-Projektgemeinschaften genutzt wird. Discord ist alles: a) nützlich b) überwältigend c) voller Betrüger d) frisst all deine CPU-Zyklen e) standardmäßig so eingestellt, dass jeder im Umkreis von mehreren Kilometern mit Benachrichtigungstönen nervt.

33. Roadmap

Eine Reihe von Aktivitäten, die ein NFT-Projekt (in der Regel PFP) plant, um einen Mehrwert für eine Gemeinschaft zu schaffen. Roadmaps gelten bei PFP-Projekten als wünschenswert und bei Kunstprojekten als eine Beleidigung, wenn man danach fragt. Es muss darauf geachtet werden, dass nicht versehentlich gegen Sicherheitsgesetze verstoßen wird.

34. LFG

Let's F***ing Go. Wird verwendet, wenn du von etwas begeistert bist. Am besten zusammen mit Raketen-Emojis verwenden.

35. Few

Few ist die Abkürzung für "few understand" – "Wenige verstehen es wirklich". Wie "wahrscheinlich nichts" ist es eine höfliche FOMO Ausdrucksweise. "MOMA bought a punk. Few" – "MOMA (museum of modern arts) hat einen Punk gekauft. Wenige verstehen es wirklich"

36. Gas oder Gaswars

Der chaotische Zustand, der entsteht, wenn alle NFT-Twitterer gleichzeitig versuchen, dasselbe Projekt zu minen, was die Gaspreise für das gesamte Ethereum-Netzwerk in die Höhe treibt. Das schwierigste ungelöste Problem in der Informatik – dafür gibt es einen Nobelpreis für jemanden.

37. Ded

Ded ist die Abkürzung für tot (engl. deceased). Siehe auch "verstorben" "Ich habe meine Fidenza für 5ETH verkauft. Ich bin gestorben."

38. Rug

Rug ist die Abkürzung für Rug Pulled.

Der Begriff stammt von Crypto Twitter und insbesondere von DeFi, wo eine Menge Projekte gepumpt und auf den Einzelhandel losgelassen wurden.

Ich bin mir nicht 100%ig sicher, ob Rugs als Konzept im Zusammenhang mit JPGs Sinn macht, aber es wird für Entwickler verwendet, die vor ihrem Projekt weglaufen.

39. IYKYK

"If You Know, You Know" ist, wie "few", eine höfliche Form von FOMO in den meisten, aber nicht allen Verwendungen. "Das MOMA hat einen Punk gekauft. IYKYK"

40. Derivative / Abgeleitet

Projekte, die vom ursprünglichen Projekt abgeleitet sind und zuerst bei einer Vielzahl von "alternativen" Punks populär wurden.

Die intelligente Sichtweise auf Ableitungen ist, dass sie in Ordnung sind, die Marke des Originals aufwerten und jeder cool bleiben sollte.

41. Noob/Pleb

Neuling und Anfänger. Das Gegenteil von OG.

Die höfliche Art, diese Begriffe zu verwenden, bezieht sich nur auf dich selbst. "6529 is such a noob. I can't believe I forgot to mint the Golden Snail" – "6529 ist so ein Noob. Ich kann nicht glauben, dass ich vergessen habe, die Goldene Schnecke zu prägen"

42. Seems legit / Scheint legitim

"Scheint legitim zu sein", d.h. das Projekt wirkt seriös und hat möglicherweise gute Aussichten. Kann direkt oder ironisch über die Aussichten eines Projekts verwendet werden. "I am launching Baby Fast Food Golden Snails on Solana" "Seems legit" – "Ich starte Baby Fast Food Golden Snails auf Solana" "Scheint legitim"

43. Meatspace

Ein anderer Begriff für "IRL". Diese vage, nervige Realität, in der die Gesetze der Physik und Biologie gelten. Nicht sehr empfehlenswert. "Meatspace issues today. Car tire blew out" – "Meatspace-Probleme heute. Ein Autoreifen ist geplatzt"

44. Buying on secondary / Kauf auf dem Sekundärmarkt

Wenn du ein Projekt nicht prägen kannst und auf OpenSea kaufen musst.

Das kommt aus der Finanzwelt – primäre Aktienverkäufe werden direkt vom Unternehmen getätigt; sekundäre sind das, was du täglich handelst. Fast alle Aktionen sind sekundär. "Du hast die Münze verpasst, du musst auf dem Sekundärmarkt kaufen".

45. Schelling Punkt

Ein Begriff aus der Spieltheorie, von dem man glaubt, dass er auf NFTs (und BTC) zutrifft. Nämlich, dass bestimmte NFTs zu Wertaufbewahrungsmitteln werden und somit immer mehr Wert in diesen NFTs gespeichert wird.

46. Wen Mond

Dieser Satz stammt von CryptoTwitter und bezieht sich darauf, dass der Preis deiner NFT zum Mond aufsteigt, der sehr weit weg ist. Er ist bei NFT Twitter weniger beliebt, weil wir hier etwas weniger finanziell sind. Wird eher ironisch verwendet. "6529 x Golden Snail collab" "Wen moon, ser?"

47. Walhalla

Eine riesige Halle, in der tote Wikinger neben Menschen mit wertvollen NFTs feiern. Siehe auch: Der Himmel

"6529 is either ascending to Valhalla or heading to McDonald's" – "6529 steigt entweder nach Walhalla auf oder geht zu McDonald's"

48. DYOR

DYOR bedeutet "Do Your Own Research". Die Person, die dir das sagt, lehnt (richtigerweise) die Verantwortung für die Frage ab, ob eine NFT für dich richtig oder falsch ist: I aped Golden Snail, but DYOR" – "Ich habe Golden Snail nachgeahmt, aber DYOR".

49. Aped

Diese Nachricht kommt direkt von Crypto Twitter. Es bedeutet "eine große Position im Verhältnis zur eigenen Portfoliogröße eingehen" Affen haben eine starke NFT-Geschichte – zuerst die berühmten 24 Affenpunks und dann mit Bored Ape Yacht Club.

50. NFA

NFA bedeutet "Not Financial Advice" (Keine Finanzberatung). Es ist verwandt mit DYOR. Auch hier teilt jemand eine Idee, aber es ist deine Aufgabe zu entscheiden, ob sie für dich geeignet ist.

"I aped Golden Snail. NFA" – "Ich habe Golden Snail nachgemacht. NFA"

51. Boomer

Mitglieder der Babyboomer-Generation (geboren 1946-1966), aber auch junge Menschen, die geistig unflexibel und altmodisch sind

52. afaik

As far as I know – So weit ich weiß

53. Shill / Shilling

Ein Projekt aus egoistischen Gründen pushen, weil du etwas davon gekauft hast oder weil es dein eigenes ist. ("Hör auf, dein Projekt zu shillen!" oder auch als Affirmation: "No Shill.")

54. Degen

Degen ist die Abkürzung für "degeneriert" und bezieht sich normalerweise auf Menschen, die oft riskante und schlechte Wetten eingehen. Im Kryptobereich kann es sich auf Menschen beziehen, die in digitale Vermögenswerte wie NFTs investieren, ohne ihre Sorgfaltspflicht zu beachten.

55. FML

Die Abkürzung steht für "f**** my life" und wird nach einer Aussage über einen unglücklichen Umstand verwendet, der dir aufgezwungen wurde. "Ich musste gestern Abend beim Prägen einer neuen NFT 2.000 Dollar an Gasgebühren bezahlen, und die Transaktion ist fehlgeschlagen, FML."

56. Soyboy

Es ist ein Slang, der Männer beschreibt, denen alle notwendigen männlichen Eigenschaften fehlen. Im Kryptobereich bezeichnet es jemanden, der geistig schwach ist und mit der Volatilität des Marktes nicht umgehen kann.

57. Whale

Jemand mit einem Multi-Millionen-Dollar-Portfolio oder jemand, der eine große Menge an NFTs in einer NFT-Sammlung besitzt. Es gibt viele Menschen, die die Geldbörsen der Wale verfolgen, um zu sehen, was die Wale als Nächstes kaufen und verkaufen, als Indikator für ihre zukünftigen Investitionsentscheidungen. Eine Liste der prominenten Wale findest du hier.

WIE DU SELBST MIT NFT BEGINNST

Jetzt erfährst du endlich, was du tun musst, um deine eigenen NFTs zu erstellen oder zu kaufen. Ich werde es dir am Beispiel der Plattformen OpenSea und Rarible zeigen. Diese Plattformen sind die empfehlenswertesten für NFT-Einsteiger. Der Grund dafür ist, dass OpenSea benutzerfreundlich für Beginner ist und mit vielen Wallets verbunden werden kann, darunter Coinbase, Bitski, WalletConnet, Fortmatic, Arkane Network, Ethereum, Torus und andere Kryptowährungs-Wallets. Der Prozess ist je nach Plattform unterschiedlich. Bei Top Shot zum Beispiel musst du dich für eine Warteliste anmelden, auf der bereits Tausende von NBA-Fans stehen. Wenn ein digitaler Vermögenswert zum Verkauf angeboten wird, wirst du zufällig ausgewählt, um ihn zu kaufen. Während Top Shot sowohl Dollar als auch Kryptowährungen akzeptiert, akzeptieren einige Plattformen nur Kryptowährungen, wie z.B. OpenSea.

Im Allgemeinen gibt es vier gängige Methoden zur Entwicklung eines NFT, nämlich

1) NFT-Token auf großen Handelsplattformen kaufen

2) NFT-Vermögenswerte bei Erstellung kaufen

3) Ein Krypto-Künstler werden und eigene NFTs ausgeben

4) NFT-Staking

Der Kauf von Token des NFT-Konzepts und der Kauf von NFTs sind zwei verschiedene Dinge. Wenn du einfach in die NFT-Schiene investieren willst, kannst du NFT-Token an den großen Börsen kaufen.

Wenn du am NFT-Sammelmarkt teilnehmen oder NFTs kaufen und verkaufen möchtest, um die Differenz zu verdienen, bietet ein allgemeiner NFT-Marktplatz wie OpenSea einen Kanal zum Kauf verschiedener NFT-Assets. Ich werde dir den Kauf und Verkauf von NFTs auf dem Sekundärmarkt zeigen.

Geld in ETH überweisen

Dazu benötigen wir die Kryptowährung Ethereum, die beim Großteil der NFT Börsen zum Einsatz kommen. Doch zunächst muss du deine Euros auf deinem Bankkonto in die Kryptowelt transferieren. Das funktioniert genauso, wie wenn du deine Euros in Dollars tauschst, denn du benötigst dafür eine Börse. Der Währungskurs des Euro kann sowohl gegenüber dem Dollar, als auch gegenüber Ethereum schwanken. Beachte, dass sich alleine dadurch erhebliche Gewinne ergeben können, wenn der Ethereum Kurs steigt. Umgekehrt funktioniert das natürlich genauso.

Es gibt zwei Arten von Börsen im Krypto-Bereich:

- ♦ Zentralisierte Börse (CEX)
- ♦ Dezentrale Börse (DEX)

Zentralisierte Börsen (CEXs) sind Organisationen, die den Kryptowährungshandel in großem Maßstab koordinieren und dabei ein ähnliches Geschäftsmodell wie herkömmliche

Wertpapierbörsen verwenden. Zentralisierte Kryptobörsen nehmen direkt an den Märkten teil, indem sie den Handel "abwickeln". Sie führen in der Regel digitale Auftragsbücher, d. h. Listen mit offenen Kauf- und Verkaufsaufträgen, die aus Volumen und Preisen bestehen. Sie bringen Käufer/innen und Verkäufer/innen zusammen und geben die aktuellen Marktpreise auf der Grundlage des letzten Verkaufspreises eines Vermögenswerts bekannt. Beispiele für eine CEX sind Binance, Bitmax, Bitfinex, CEX.io, Coinbase oder Kraken.

Dezentrale Kryptobörsen (DEXs) sind Blockchain-basierte Apps, die den groß angelegten Handel mit Kryptowährungen zwischen vielen Nutzern koordinieren. Sie tun dies ausschließlich durch automatisierte Algorithmen, anstatt wie bei der CEX als Finanzvermittler zwischen Käufern und Verkäufern zu agieren. Du hast bei Fragen keine Möglichkeit dich an ein Unternehmen zu wenden. Die damit verbundene Dezentralisierung macht es schwieriger das System zu hacken. Weiterhin weist es niedrigere Gebühren aus, da es nicht der klassischen Finanzaufsicht unterliegt und die Teilnehmer können weitgehend anonym agieren.

Sobald der Kriminelle allerdings versucht das Geld über eine CEX auszahlen zu lassen, verliert er zwangsläufig wieder die Anonymität, da das Geld an ein Bankkonto o.ä. ausgezahlt werden muss. Beispiele für einen DEX sind PancakeSwap, SushiSwap oder Uniswap.

Alle bekannteren Kryptowährungen werden an einer CEX gehandelt. Neue Coins hingegen können oft zunächst nur an einer DEX gekauft werden. Interessieren sich mehr Menschen für diesen

Coin, steigt der Wert, wodurch auch größere CEX Börsen den Coin aufnehmen, wodurch wiederum der Preis nochmal weiter steigt.

Ich nutze persönlich die Krypto-Börse Kraken und kann dir diese sehr empfehlen. Um dort handeln zu können musst du dich bei der Registrierung mit deinem Ausweis identifizieren. Selbstverständlich kannst du auch andere Börsen nutzen. Bei Kraken habe ich die Erfahrung gemacht, dass das Support Team sehr schnell auf Fragen antwortet, die Kosten sehr gering sind und sie über eine sehr übersichtliche Benutzeroberfläche verfügen.

Kraken bietet dir drei Verifizierungsoptionen an: "Starter", "Intermediate" und "Pro". Welche du wählst hängt davon ab, wieviel Geld zu transferieren möchtest. Nachdem du dich registriert und dein Konto mit einem Ausweis und Foto verifiziert hast, kannst du dein Geld auf Kraken transferieren. Bei deiner ersten Transaktion dauert es 72 Stunden, bis du zum Beispiel Ether an deine MetaMask überweisen kannst und dient als Sicherheit, dass das Geld auch wirklich vom Bankkonto abgebucht werden kann. Das ist nur bei der ersten Einzahlung der Fall. Du kannst den entsprechenden Ethereum Betrag zwar schon sehen, aber die ETH noch nicht an deine Wallet weiterleiten.

Zahle Geld auf Kraken ein:

Um Euros an Kraken zu überweisen, klicke in der oberen Zeile auf "Funding" oder "Finanzierung" und dann in der linken Spalte auf "Deposit" ("Einzahlung") (siehe Abbildung 11). Hier gibst du den Euro-Betrag ein, den du überweisen möchtest. Ich empfehle dir normalerweise die Zahlung per Sofortüberweisung. Dafür wählst du in der Zeile darunter "Clear junction (Instant & SEPA)" ("Manuell einzahlen") aus. Dort findest du das Bankkonto, auf das dein Geld überwiesen werden muss (Kraken, Payward Ltd.) und darunter die individuelle Referenznummer deiner Zahlung. Erstelle dann einfach eine manuelle Banküberweisung von deiner Hausbank aus auf das Kraken Konto und kopiere die Referenznummer exakt. Es ist entscheidend, dass du diese Nummer genau wie angegeben in das Verwendungszweck-Feld deiner Überweisung eingibst, um korrekt zugeordnet zu werden. Wenn du das erledigt hast, kann es weitergehen.

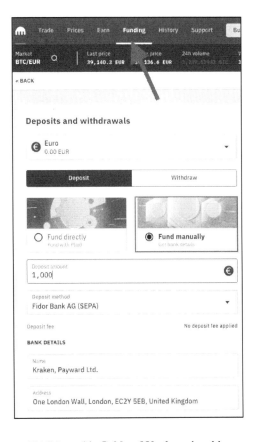

Abbildung 11: Geld auf Kraken einzahlen

Tausche Fiat gegen ETH:

Anschließend möchtest du deine Euros auf Kraken in Ether umwandeln. Dafür klickst du auf die Schaltfläche "Trade" oder "Tauschen" in der oberen linken Ecke.

Abbildung 12: Swap EUR/ETH

Unter dem Kraken Logo findest du ein Such Feld mit dem Titel "Market", womit du das zu tauschende Währungspaar auswählst. Mit der Lupe daneben kannst du zwischen den Währungen wechseln. Wir wählen hier ETH/EUR. Nun legst du die Auftragsoption fest. In unserem Beispiel verwenden wir "simple" ("einfach"). Als nächstes wählen wir als Order type "Limit", was so viel bedeutet, dass du festlegst, wieviel du maximal bereit bist für 1 Ether zu zahlen. Solange der Ether-Preis über diesem Limit liegt, wird deine Bestellung nicht ausgeführt. Wähle also entweder ein realistisches Limit, oder nutze die Order type Funktion "Market", bei der die Order zum aktuell gültigen Marktpreis ausgeführt wird. Als nächstes noch die Eingabe prüfen und die Ausführung bestätigen und schon bist du im Besitz von ETH. Die erfolgreiche Order kannst du unter der Überschrift "closed orders" ("Abgeschlossene Aufträge") einsehen, wo dieser Vorgang ganz oben in der Liste erscheint.

—— *Ganz wichtig: Kryptowährungen lassen sich nur innerhalb desselben Systems transferieren. Wenn du versuchst, Ether an eine Bitcoin-Adresse zu überweisen, ist das Geld unwiderruflich weg.* ——

Übertrage ETH an MetaMask:

Das MetaMask Browser Plugin bietet auch die Variante Ether direkt zu kaufen. Mit Sicherheit ist das eine sehr praktische Funktion, allerdings fallen dabei recht hohe Transaktionsgebühren an im Vergleich zu der eben vorgestellten Börse (Kraken).

Aus diesem Grund ist es besser, wenn du deine Ether auf einer Krypto-Börse wie Kraken kaufst und sie von dort auf deine MetaMask überträgst.

Um Geld zu überweisen, klickst du oben in der Kraken-Leiste auf "Funding" und dann auf die Spalte, die deinen ETH-Saldo anzeigt. Wenn du auf den kleinen Pfeil klickst, erscheint das Wort "Withdraw" oder auf deutsch "Abheben". Es öffnet sich nun eine Seite, auf der du die Übertragungsdaten eingibst.

Im Feld "Add new withdrawal address" ("Neue Abhebungsadresse hinzufügen") wirst du nach einer Bezeichnung gefragt. Um damit in der Zukunft noch etwas anfangen zu können, solltest du eine sprechende Benamung verwenden. Beispielsweise könntest du die Kombination aus MetaMask und deinem Namen nutzen. In das Eingabefeld darunter trägst du den sog. "public key" ein. Dabei handelt es sich um deine öffentliche MetaMask-Wallet-Adresse. Diese setzt sich aus einer langen Kette von Zahlen und Buchstaben zusammen und ist für das menschliche Auge nur schwer lesbar. Deshalb kopiere bitte den vollständige Key und vergewissere dich, dass es sich um die korrekte Adresse handelt. Ich rate dir, dazu die ersten und letzten 4 Zeichen zu vergleichen. Als letztes musst du nur noch den gewünschten Überweisungsbetrag festlegen.

Als zusätzliche Sicherheitsvorkehrung erhältst du bei der erstmaligen Überweisung an eine neue Wallet Adresse eine Benachrichtigung per Email. Dort wirst du über die geplante Transaktion informiert und gebeten, sie noch einmal zu bestätigen. Bei zukünftigen Transfers an dieselbe Wallet wird diese Sicherheitsmechanismus übersprungen und das Geld kommt auf direktem Wege an.

Was brauche ich, um mit der Erstellung von NFT zu beginnen?

Die Erstellung von NFTs erfordert keine umfangreichen kryptografischen Kenntnisse, aber einige Tools wie Krypto-Wallets und Ethereum. In diesem Abschnitt erkläre ich dir Schritt für Schritt, wie du eine Krypto-Wallet einrichtest, ETH kaufst und deine Wallet mit dem NFT-Marktplatz verbindest.

Der Prozess besteht hauptsächlich aus 3 Schritten:

1. Eine Ethereum-Wallet einrichten
2. Kaufe eine kleine Menge Ethereum
3. Verbinde deine Wallet mit dem NFT-Marktplatz

Schritt 1: Erstellen einer Ethereum-Wallet

Um deine NFT Reise zu beginnen, benötigst du zunächst eine digitale Geldbörse. Darin speicherst du deine Kryptowährungen für den Kauf, den Verkauf und die Erstellung von NFTs.

Es gibt eine Vielzahl kostenloser Kryptowährungs-Wallets. Ich stelle dir hier die 3 besten vor. Diese haben die meisten Funktionen, bzw. werden von den wichtigen NFT-Marktplätzen und Blockchain-Anwendungen akzeptiert.

Coinbase-Wallet

Coinbase ist eine der größten Online-Kryptowährungsbörsen und ihre Wallet ist eine großartige Option für alle, die neu in der Welt der virtuellen Währungen sind. Coinbase ist die erste Plattform, über die ich Kryptowährungen gekauft habe, und der Einstieg ist hier relativ einfach.

MetaMask

MetaMask ist eine Wallet, die von über 1 Million Krypto-Nerds weltweit genutzt wird. Die Wallet lässt sich problemlos mit den meisten Apps und NFT Marktplätzen verbinden und ist als Browser-Erweiterung und mobile App auf iOS und Android verfügbar.

Abbildung 13: MetaMask Wallet als Browser-Erweiterung und mobile App

MetaMask vereinfacht auch den Kauf von Kryptowährungen und erspart es dir, andere Apps für den Kauf von Währungen zu verwenden. Im nächsten Kapitel findest du weitere Informationen und eine ausführliche Dokumentation, wie du deine MetaMask Wallet einrichtest.

Rainbow

Rainbow ist eine relativ neue Wallet, die auf Ethereum-Assets ausgerichtet ist. Sie wurde speziell für die mobile Anwendung designed und ich liebe das schöne Interface. Unter iOS ist der Kauf von Ethereum mit Rainbow so einfach wie die Nutzung von Apple Pay.

Schritt 2: Kaufe eine kleine Menge Ethereum

Du erinnerst dich bestimmt noch an die am Anfang vorgestellten Gas Fees. Bei der Erstellung digitaler Kunstobjekte wird mindestens diese Gebühr erhoben, um einen NFT zu erzeugen. Deshalb solltest du dir etwas Ethereum auf deine Wallet transferieren, um die Kosten für die Erstellung deines ersten NFTs zu decken.

Der Preis von Ethereum schwankt jede Sekunde, was es schwierig macht, ihn zu verfolgen. Am einfachsten ist es, wenn du einen Euro-Betrag auswählst, den du zu investieren bereit bist, und einen entsprechenden Betrag an Ethereum kaufst. Sowohl die oben erwähnten Rainbow- als auch die MetaMask-Wallets ermöglichen es dir, Kryptowährungen in deiner Wallet zu kaufen. Bei der Coinbase Wallet musst du die Kryptowährungen an einer separaten Börse kaufen und sie in deine Wallet übertragen.

Wenn du dich an meine Kraken Anleitung gehalten hast, solltest du bereits wissen, wie du deine Wallet mit Ethereum befüllt bekommst.

Schritt 3: Verbinde deine Wallet mit dem NFT-Marktplatz

Sobald deine Wallet eingerichtet ist und du ETH gekauft hast, ist es an der Zeit, einen Marktplatz zu wählen, auf dem du ein NFT erstellen und deine Arbeit präsentieren möchtest. Entwicklern, die gerade erst mit NFT anfangen, empfehle ich, es zuerst auf Rarible auszuprobieren, da diese Seite in meinen Tests relativ einfach einzurichten war.

Um deine Wallet mit Rarible zu verbinden, rufe die Website auf und klicke auf die Schaltfläche "Verbinden" in der oberen rechten Ecke des Bildschirms, wie auf Abbildung 14.

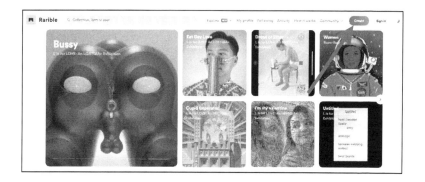

Abbildung 14: Rarible NFT Website

Abbildung 15 zeigt die nächsten Schritte, bei denen du deine Wallet verbindest. Wenn du eine Rainbow oder MetaMask Wallet verwendest, wähle die Option WalletConnect. Wenn du eine Coinbase Wallet verwendest, klicke auf WalletLink. Diese Link-Optionen unterstützen auch viele andere Wallets. Du kannst recherchieren, ob dein Lieblings-Wallet verfügbar ist.

Abbildung 15: Wallet verbinden

Deine Verbindungsoptionen hängen von der Wallet ab, die du verwendest. Unabhängig davon, welche Wallet du verwendest, sind die nächsten Schritte weitgehend gleich. Nachdem du eine Verbindungsoption ausgewählt hast, erscheint ein QR-Code auf dem Bildschirm. Scanne diesen Code mit deiner Wallet-App, um zu bestätigen, dass du deine Wallet mit Rarible verbinden willst.

Abbildung 16: QR-Code-Scan zur legitimen Verbindung

Nachdem du die Wallet verbunden hast, wird dein Rarible-Konto sofort erstellt. Jetzt hast du alles, was du brauchst, um deine erste NFT-Kreation zu erstellen und zu verkaufen.

Du bist bereit, deine NFT zu erstellen. Du kannst jetzt die digitale Datei hochladen, die du in eine NFT umwandeln möchtest. Bei Rarible kann dies eine PNG-, GIF-, WebP-, MP4- oder MP3-Datei sein, die maximal 30 MB groß ist. Lass uns einen eigenen NFT minten!

Was ist NFT Minting?

Hier folgt zunächst wieder eine kurze Erklärung, was ich hinter dem minting überhaupt verbirgt. In der Kryptografie bezeichnet Minting den Prozess der Kennzeichnung digitaler Dateien mit fortschrittlichen Verschlüsselungstechniken. Tokenisierung ist ein Prozess, bei dem digitale Güter/Sammelstücke erfolgreich in Token umgewandelt werden, die in einer Online-Wallet gespeichert werden können.

Das Besondere am minten (prägen) von NFTs ist, dass die Kryptografie, die zur Markierung digitaler Güter verwendet wird, den Namen des Eigentümers in der Blockchain registriert und damit seine Exklusivität für das gesamte Netzwerk bestätigt.

Zu diesem Zweck werden die Daten in festen technischen Strukturen gespeichert Eine Beispiel-JSON-Datei für das ERC-721-Metadatenschema sieht wie folgt aus:

```
{
    "attributes":[
        {
            "trait_type":"Shape",
            "value":"Circle"
        },
        {
            "trait_type":"Mood",
            "value":"Sad"
        }
    ],
    "description":"A sad circle.",
    "image":"HTTPS://.",
    "name":"Sad Circle"
}
```

Abbildung 17: NFT JSON-Metadaten-Datei

Diese eindeutige Kennzeichnung ermöglicht es den Nutzern, ein Projekt unabhängig zu besitzen, ohne es mit jemand anderem teilen zu müssen. Langfristig wird so auch die Möglichkeit von Fälschungen ausgeschlossen und der Seltenheitswert des Artikels bleibt erhalten.

Es gibt Do-it-yourself (DIY)-Prägeplattformen wie OpenSea, Rarible, InfiNFT, Mintbase und Cargo. Diese Plattformen machen es Künstlern leicht, ihre eigenen NFTs ohne Genehmigung zu erstellen, egal ob es sich dabei um schöne digitale Kunstwerke oder Mitgliedsausweise handelt.

Die Erstellung einer NFT ist wie die Erstellung jeder anderen Mediendatei. Sobald die traditionelle Datei fertig ist, lädst du sie einfach auf die Prägeplattform hoch, um sie als NFT zu kennzeichnen. Es ist keine besondere Technologie erforderlich, um ein digitales Werk zu erstellen, das in ein NFT umgewandelt werden kann. Solange die von dir erstellte Datei von der Plattform deiner Wahl unterstützt wird, kann sie eine NFT-Datei werden. Damit eröffnet sich eine ganz neue Welt für deine Arbeit. Jedes Bild, GIF, JPG, MP3, PNG oder TXT kann ein Zora oder Rarible NFT sein. Du hast ein einzigartiges Emoji erstellt? Erstelle daraus einen NFT. Oder du bist im Besitz eines köstlichen Rezeptes deiner Uroma, für welches dich deine Freunde beneiden. Speichere es einfach als TXT-Datei und präge daraus einen NFT.

Wie man NFTs auf Rarible prägt

Mit etwas ETH in deinem Portemonnaie ist es nun an der Zeit, die NFT-Plattform selbst aufzusuchen. Zur Veranschaulichung verwenden wir Rarible, aber wie wir bereits erwähnt haben, gibt es auch andere NFT-Plattformen. Zunächst brauchst du eine Wallet, in der du deine Kryptowährungen und NFTs speichern kannst. Wenn du noch keine Wallethast, gehst du zum vorherigen Kapitel zurück und richtest deine MetaMask-Wallet ein.

Nach der Installation gehst du zu Rarible, klickst oben rechts auf das Symbol "Erstellen" und wählst dann die gewünschte Blockchain aus. Auch hier kannst du wählen, ob du einen einmaligen Job erstellen oder denselben Gegenstand mehrmals verkaufen möchtest. In diesem Beispiel wählen wir "einmalig".

Im nächsten Abschnitt des Formulars musst du auswählen, wie du deine NFT-Kunstwerke verkaufen willst. Hier gibt es drei Optionen.

Mit "Festpreis" kannst du einen Preis festlegen und ihn sofort an jemanden verkaufen (wie bei "Sofort-Kaufen" auf eBay). Bei der "Unendlichen Auktion" bieten die Leute so lange, bis du die Auktion akzeptierst. Eine "zeitlich begrenzte Auktion" schließlich ist eine Auktion, die nur für einen bestimmten Zeitraum stattfindet. Dies ist das Beispiel, das wir wählen werden.

Jetzt kommt der schwierige Teil: die Festlegung des Mindestpreises. Wenn er zu niedrig ist, können hohe Gebühren deinen Gewinn auffressen, was dich insgesamt Geld kosten kann.

Deshalb empfehle ich den Preis etwas höher anzusetzen und den Leuten 7 Tage Zeit zu gegeben, um zu bieten.

Als Nächstes kannst du auf dem Formular "Unlock once purchased" oder auf deutsch "Nach dem Kauf freischalten" auswählen. Damit hast du die Möglichkeit, deinem Endkäufer über eine geheime Webseite oder einen Download-Link eine vollständige, hochauflösende Version der Kunstwerke und/oder anderer Materialien zur Verfügung zu stellen.

Darunter befindet sich die verwirrendste Option auf dem Formular, die "Choose Collection" heißt und im Grunde eine sehr technische Frage darüber ist, wie man eine Blockchain aufbaut. Die Standardoption ist hier "Rarible".

Zusätzlich zu den individuellen Geboten gibt es auf anderen Plattformen wie OpenSea auch Auktionen, und zwar auf zwei Arten: Bei der "Englischen Auktion" gewinnt wie üblich der Höchstbietende. Im Gegensatz dazu funktioniert die "Holländischen Auktion" (Dutch Auction, kurz DA) umgekehrt. Hierbei fällt der Preis je länger die Auktion läuft und es geht darum, nicht zu früh zu kaufen. Sie wird "Holländische Auktion" genannt, weil in den Niederlanden bis heute Blumen auf diese Weise versteigert werden.

Beschreibe dein NFT

Als nächstes fügst du einen Titel und eine Beschreibung zu deinem Angebot hinzu. Um deine Chancen auf den Verkauf von NFTs zu maximieren, musst du einige Zeit darauf verwenden, dies zu perfektionieren.

Du wirst dann gebeten, dir zu überlegen, wie viel Tantiemen du in Zukunft erhalten möchtest, wenn jemand dein Kunstwerk weiterverkauft. Auch hier ist es eine Gratwanderung, denn ein höherer Prozentsatz bringt dir zwar mehr Geld pro Verkauf, hält aber auch andere davon ab, dein Kunstwerk weiterzuverkaufen, da die Wahrscheinlichkeit geringer ist, dass sie selbst für den Gewinn zahlen.

Schließlich gibt es noch ein optionales Feld, in das du die Eigenschaften deiner Datei eintragen kannst. Nun bist du fast fertig.

Bezahlen

Klicke auf "Create item" - "Artikel erstellen" und verbinde dich mit deiner Wallet, um die Angebotsgebühr zu bezahlen. Wenn du nicht genug Geld in deiner Wallet hast, musst du nicht wieder von vorne anfangen. Klicke einfach auf das Portemonnaie-Symbol in der oberen rechten Ecke des Bildschirms und es gibt eine Option, um Geld direkt in Rarible hinzuzufügen.

Warten auf Gebote

Nachdem du dein Kunstwerk eingestellt hast, kann jeder es finden und auf dein Werk bieten. Ich kann dir leider nicht erklären, wieso die meisten Plattformen verlangen, dass die Ersteller/innen die Gebote aktiv überprüfen und benachrichtigen dich nicht, wenn ein Gebot vorliegt. Du solltest also in regelmäßigen Abständen auf der Plattform vorbeischauen und deine erhaltenen Gebote überprüfen.

Die Exposure-Raten variieren je nach Markt, daher musst du deine Produkte möglicherweise selbst vermarkten. Die meisten NFT-Marktplätze (wie Rarible, Zora, SuperRare usw.) haben eine große Tauschgemeinschaft um sich herum aufgebaut.

Wie man NFTs auf OpenSea minted

Hier findest du eine Schritt-für-Schritt-Anleitung, wie du erfolgreich ein NFT auf OpenSea, dem größten Online-Marktplatz für NFTs, erstellen kannst. Es ist gar nicht so schwer, dein eigenes NFT auf OpenSea zu veröffentlichen, wenn du ein paar kleine Schritte befolgst.

- Auf OpenSea anmelden. Das funktioniert genauso wie bei Rarible
- Erstellungsprozess starten
- Beschreibungsdaten eingeben und Parameter festlegen
- Blockchain festlegen, die verwendet werden soll

Wenn du dich für OpenSea entschieden hast, musst du die folgenden Schritte befolgen, um dein erstes NFT zu erstellen:

Schritt 1: Vorbereitung der Kryptowährung ETH

Wie vorher beschrieben benötigst du ETH, um NFT zu unterhalten, einen NFT zu kaufen oder die Mining-Gebühren zu bezahlen, die für den Abschluss einer Transaktion erforderlich sind. Nachdem du dein Konto mit ETH aufgeladen hast, musst du eine Wallet vorbereiten.

Schritt 2: Bereite die Krypto-Wallet vor

Die Adressen, die von Krypto-Wallets (wie MetaMask) generiert werden, sind einzigartig, genau wie dein Bankkonto. Um deine ETH zu speichern und Transaktionen auf der Blockchain zu verarbeiten, brauchst du zunächst die Wallet-Adresse. Registriere dich zunächst bei OpenSea, um mit dem Minting zu beginnen. Und verknüpfe die MetaMask Wallet-Adresse mit OpenSea, um gemünzte NFTs zu speichern. Das funktioniert genauso wie bei Rarible.

OpenSea selbst ist nur eine Plattform für die Interaktion mit der Blockchain und bietet ein Peer-to-Peer-Austauschsystem, über das du mit anderen Menschen auf der Blockchain interagieren kannst, ohne dass du die NFT-Vermögenswerte von anderen besitzt. Die Wallet kann Browseroperationen in Transaktionen auf der Blockchain umwandeln und stellt gleichzeitig eine Verbindung zur OpenSea-Website her.

Schritt 3: Daten auf der NFT-Plattform eingeben

Auf der OpenSea.io-Startseite gehst du auf dein Konto-Symbol und klickst oben rechts auf "Erstellen" Hier findest du die Seite zur Erstellung von NFT-Artikeln. Auf dieser Seite kannst du deine NFT-Datei hochladen. Derzeit unterstützen NFT viele Dateiformate, z. B. Bilddateien (JPG, PNG, GIF usw.), Musikdateien (MP3 usw.) und 3D-Dateien (GLB usw.)

Gib ihm dann einen Namen und füge eine Beschreibung hinzu. Sobald diese Felder ausgefüllt sind, kannst du deinen NFT weiter anpassen. Zum Beispiel kannst du ihn in eine bestehende Sammlung einfügen oder Attribute, Level, Status und sogar Freischaltbares hinzufügen

Zu guter Letzt wählst du die Anzahl der Gegenstände, die geprägt werden können, und die Blockchain, die du verwenden möchtest

Wenn du die Anpassung der NFT abgeschlossen hast, klicke unten auf der Seite erneut auf Erstellen. Herzlichen Glückwunsch, du hast erfolgreich deinen ersten NFT erstellt! Wenn du zur Seite mit den NFT-Artikeln zurückkehrst, siehst du die NFT-Informationen, die du selbst erstellt hast, z.B. die Token-ID, die Vertragsadresse usw., die alle verschiedene dezentrale Blockchain-Codes darstellen

Du wirst sogar feststellen, dass der NFT nicht die Funktion der "Zerstörung" hat. Wenn du einen NFT erstellst, ist er einzigartig, so einzigartig, dass er nicht einmal zerstört und durch eine neue Kopie ersetzt werden kann.

Minting auf anderen Plattformen

Wenn du mit der Erstellung und dem Verkauf von NFTs beginnen willst, kann dir der ganze Prozess ein wenig entmutigend vorkommen, vor allem, wenn du nicht viel über die Technologie weißt. Aber für die oben genannte Website ist das Minten von NFTs ganz einfach. Mit niedrigen Gebühren, neuen Märkten und hoher Verfügbarkeit kannst du NFTs prägen und verkaufen. Sobald die Dateien und die Plattform deiner Wahl vorbereitet sind, verbindest du dich mit der Ethereum-Wallet deiner Wahl, lädst die Datei auf die Plattform hoch und gibst die weitere Beschreibung des Vermögenswerts ein, ob du ein eigenständiges oder ein versionsbasiertes Werk erstellen möchtest. Wenn das alles erledigt ist, kann der Mintingprozess beginnen. Dies erfordert aber eine bestimmte Menge an ETH, um die Genehmigungs- und Prägetransaktionen im Voraus zu bezahlen. Der Vorgang folgt bei vertrauenswürdigen Plattformen im Prinzip immer demselben Muster.

Eine Ethereum-Adresse auf MetaMask erstellen

Mit MetaMask kannst du deine eigene, proprietäre Ethereum-Wallet im Browser erstellen, sodass du mit MetaMask ganz einfach Geld überweisen kannst.

Schritt 1: Der erste Schritt ist, https://metamask.io/ zu besuchen.

Abbildung 18: MetaMask Installationsroutine

Klicke auf die Schaltfläche "MetaMask für Chrome installieren", wie in Abbildung 18 dargestellt. Wenn du den Firefox- oder Opera-Browser verwendest, kannst du auf "Firefox" oder "Opera" klicken und den Anweisungen dort folgen, da die Schritte danach die gleichen sind.

Schritt 2: Installiere die MetaMask-Erweiterung
Klicke auf die Schaltfläche "Zu Chrome hinzufügen", um die Erweiterung zu deinem Chrome-Browser hinzuzufügen. Der Browser prüft die Kompatibilität mit dem unten abgebildeten

Dialog. Klicke auf die Schaltfläche "Erweiterung hinzufügen". Herzlichen Glückwunsch! Jetzt hast du MetaMask erfolgreich zu deinem Browser hinzugefügt.

Schritt 3: MetaMask öffnen

Öffne einen neuen Tab und klicke auf das orangefarbene Fuchssymbol oben rechts im Browser.

Schritt 4: Akzeptiere die Bedingungen

Wenn du auf das Symbol klickst, öffnet sich automatisch ein Fenster. Nachdem du die Nutzungsbedingungen gelesen hast, klicke auf die unten markierte Schaltfläche "Akzeptieren".

Schritt 5: Eine Wallet erstellen

Du musst ein sicheres Passwort mit mindestens 8 Zeichen eingeben.

Fun fact: Nachdem du das Passwort eingegeben hast und bevor du auf die Schaltfläche "Erstellen" drückst (siehe Bild unten), kannst du mit der Maus über den kleinen Fuchs fahren und sehen, was passiert?

Schritt 6: Wallet Seed Word

Du siehst jetzt 12 Wörter, die dir helfen werden, dein MetaMask-Konto wiederherzustellen. Bitte bewahre sie an einem sicheren und privaten Ort auf. Du kannst diese Wörter an einen sicheren Ort kopieren oder in einer Computerdatei speichern. Wichtig ist, dass du diese niemals an eine dritte Person weitergibst, da diese sonst Zugriff auf deine Wallet erhält.

Herzlichen Glückwunsch! Deine Wallet wurde erfolgreich erstellt! Jetzt hast du deine eigene MetaMask-Wallet!

Die MetaMask-Erweiterung gibt dir einen schnellen Überblick über dein Konto. Für weitere Details klicke auf die 3 Punkte und dann auf "Kontodetails" (Abbildung 19). Dort findest du 3 wichtige Elemente:

Abbildung 19: MetaMask Chrome Extension Kontodaten

- "QR-Code anzeigen" - Klicke auf diese Option, um deine öffentliche Adresse als QR-Code anzuzeigen
- "Adresse in die Zwischenablage kopieren" - Klicke auf diese Option, um deine öffentliche Adresse zu kopieren
- Privaten Schlüssel exportieren - diese Option ist sehr wichtig, denn wenn du den privaten Schlüssel bekommst, hast du Zugang zu deinem Portemonnaie

WIE DU NFT-TOKEN VERSCHICKST

Die Vorgänge beim Senden und Empfangen von NFTs über MetaMask sind einfach zu verstehen und umzusetzen. Als zuverlässige Wallet für Ethereum-basierte Krypto-Token ist MetaMask die ideale Plattform für die Übertragung und den Empfang von NFTs.

Bei näherer Betrachtung sind NFTs einfach nur ERC-721-Token, die eng mit beliebten Krypto-Token verwandt sind. Daher macht MetaMask das Senden und Empfangen von NFTs so einfach wie die Durchführung einfacher Krypto-Transfers.

Schritte zum Senden von NFTs über MetaMask

Bevor du mit der Übermittlung von NFTs über MetaMask beginnst, solltest du dich vergewissern, dass du NFTs über deine mobile Anwendung sendest. Dadurch schützt du dich zusätzlich, da hier Trojaner nur schwerer die Walletadresse ändern können.

1. Der erste Schritt, wenn du überlegst, wie du NFT auf MetaMask verkaufen oder das Eigentum an einen anderen Nutzer übertragen kannst, ist zu überprüfen, ob du genügend Gas für die Transaktion hast. Wenn du nicht genug Gas für den Übertragungsprozess hast, kann die Transaktion nicht

ausgeführt werden oder wird rückgängig gemacht und du verlierst das bestehende Gas

2. Im zweiten Schritt des Versendens von NFTs musst du in der MetaMask-Anwendung auf den Reiter "NFT" klicken. Die Anwendung leitet dich dann zu der Sammlung von NFTs in deinem Besitz weiter
3. Durchsuche alle NFTs und wähle das Symbol des NFTs aus, das du übertragen oder verkaufen möchtest. Klicke auf das Symbol der NFT, die du zur Übertragung ausgewählt hast
4. Sobald du auf die NFT deiner Wahl geklickt hast, wird eine neue Seite angezeigt. Am unteren Ende des neuen Bildschirms findest du die Schaltfläche "Übertragen". Klicke auf diese Schaltfläche, um der Übertragung des NFT auf das Konto eines anderen Nutzers zuzustimmen
5. Nachdem du im MetaMask NFT-Übertragungsprozess auf "Senden" geklickt hast, kannst du zum letzten Schritt übergehen. Im letzten Schritt musst du die Adresse eingeben, an die du die ausgewählte NFT überweisen möchtest. Klicke auf Weiter, nachdem du die Adresse eingegeben hast, an die du die NFT senden möchtest. Dann musst du nur noch die Standardanweisungen für die Transaktion befolgen, um die Überweisung abzuschließen

Wie findest du die beste NFT-Plattform?

Es gibt bereits viele NFT-Plattformen im Ethereum-Ökosystem, und jede Plattform hat unterschiedliche Merkmale. Sie lassen sich in zwei Gruppen aufteilen: In "offene Systeme" und "Mitgliedschaftssysteme".

Offene und kostenlose Plattformen zur Kontoeröffnung erlauben es jedem, im do it yourself Ansatz zu starten. Dazu zählen die bereits bekannten Anbieter wie OpenSea und Rarible aber auch InfiNFT, Mintbase und Cargo, um nur einige zu nennen. Diese Plattformen ermöglichen es, jeden beliebigen NFT ohne Einschränkungen zu erstellen, z. B. digitale Kunstwerke, Mitgliedskarten oder andere. Der Ablauf ist nicht schwierig und auch für Beginner leicht nachvollziehbar. Achte nur auf die Mining-Gebühren, Listing-Gebühren, Transaktionsgebühren usw. der verschiedenen Plattformen.

Außerdem sind einige NFT-Plattformen nur für einen begrenzten Personenkreis zugänglich und arbeiten mit einem Mitgliedschaftssystem. SuperRare und Async Art zum Beispiel sind nur für bestimmte Personen zugänglich. Bei diesen Plattformen muss sich der Künstler erst durch ein Bewerbungsverfahren qualifizieren, um seine Werke auf der Plattform zu verkaufen.

Liste der Gebühren auf verschiedenen Plattformen

Beachte, dass die Gebühren der verschiedenen Plattformen nicht gleich sind und auch einen erheblichen Einfluss auf deinen Gewinne nehmen können. Derzeit berechnen die meisten eine Käuferprovision. Manche NFT-Plattformen haben jedoch eine "sekundäre Transfergebühr", die etwa 2,5 % je Transaktion beträgt.

Die Gebührensätze der verschiedenen Plattformen sind nicht in Stein gemeißelt und es gibt immer wieder unterschiedliche Rabatte. Achte deshalb immer auf die aktuell offiziellen Gebühren. Hier gebe ich dir einen ersten Überblick:

Plattform	Blockchain	Gebühren
OpenSea	Ethereum	Verkäufer: 2,5 %
Rarible	Ethereum	Verkäufer: 2,5 % / Käufer: 2,5 %
SuperRare	Ethereum	Verkäufer: 2,5 % / Käufer: 2,5 %
Foundation	Ethereum	Verkäufer: 15 %
Nifty Gateway	Ethereum	Verkäufer: Bis zu 15 %

Abbildung 20: Übersicht der Plattform- und Servicegebühren

Wenn du deinen ersten NFT erstellst, wirst du feststellen, dass die NFT-Welt sehr groß ist, weil die Einstiegsschwelle sehr niedrig ist.

Deshalb ist es gar nicht so einfach mit deinen eigenen NFTs auch direkt Geld zu verdienen, weil du einfach in der Menge der ganzen Angebote untergehst.

GET RICH OR DIE TRYIN?

In Anlehnung an den bekannten Rapper 50 Cent geht es in diesem Kapitel darum, welche Möglichkeiten es mit NFTs gibt, nachhaltig Geld zu verdienen. Dazu müssen wir uns zunächst den impliziten Wert eines NFTs ansehen und wie wir ihn bestimmen können. Deshalb die Frage:

Hat NFT einen impliziten Wert oder ist es nur ein Hype?

Erinnere dich also noch einmal daran, warum ein NFT so wertvoll ist? Im Moment wird im Zusammenhang mit Kunst viel über NFTs gesprochen. Künstler können ihre Kunst als NFTs verkaufen, das heißt, sie können ihre Originalkunst verkaufen. Sie erhalten eine Provision, je nachdem, für wie viel die Kunst verkauft wird und können sogar Geld verdienen, wenn das Objekt von diesem Käufer zu einem höheren Preis an einen anderen Käufer weiterverkauft wird.

Ein großer Teil des aktuellen Wertes von NFTs besteht darin, dass der Preis steigt, wenn die Leute diese Dinge kaufen und sie sich gegenseitig weiterverkaufen. Wenn jemand ein Kunstwerk hat, das er für 100 Dollar gekauft hat, du aber davon ausgehst, dass jemand anderes es morgen für 100.000 Dollar kauft, dann zahlst du eben 500 Dollar, weil du davon ausgehst, dass du später einen Gewinn machen wirst. Das nennt man einen Sekundärmarkt.

Ein konkretes Beispiel ist dieses kurze Video von Lebron James. Es ist ein Video, das nicht länger als ein paar Sekunden dauert. Aber es wurde für 208.000 Dollar verkauft. Buchstäblich für ein Video. Lass das mal einen Moment auf dich wirken.

Ein weiteres NFT-ähnliches Beispiel sind CryptoKitties, Bilder von Zeichentrickkatzen. Einige von ihnen wurden für mehr als 300.000 Dollar verkauft. Sie sind ziemlich niedlich, okay, aber sicherlich weisen diese keinen impliziten Wert auf. Aber die NFTs haben im Moment etwas Dummes an sich und in ein paar Gesprächen, die ich in den letzten Monaten geführt habe, hat jeder danach gefragt. Und damit sind wir wieder bei unserem Copy-Paste-Dilemma. Ich kann einen Screenshot von diesen Krypto-Kätzchen machen und ich kann auch eine Bildschirmaufnahme des Videos von LeBron James machen. Dann kann ich es mit jedem teilen. Ich habe gerade dein 300.000-Dollar-Bild genommen, und obwohl mir das Bild technisch gesehen nicht gehört, habe ich gerade einen Haufen Kopien davon gemacht, und zwar kostenlos.

Pokemon-Karten zum Beispiel folgen einem ähnlichen Muster wie diese. Ihre Anhängerschaft und ihr Sammeln sind zwei der konventionellsten Mittel, um zu zeigen, wie der Sammlerwahn die Marktpreise in exorbitante Höhen treibt. Einige Karten, wie z. B. Charizard, eine seltene Pokemon-Figurenkarte, können auf dem Markt mehr als 250.000 USD erzielen. Fans und traditionelle Sammler aus der ganzen Welt sind in den letzten Jahren zu Organisationen dieser Größenordnung geströmt. Es wird geschätzt, dass sie weltweit Millionen, wenn nicht sogar Milliarden von Kunden hatten, noch bevor sie in den NFT-Bereich kamen. Sie haben die Kindheit von Generationen über Generationen beeinflusst.

Um ganz ehrlich zu sein, ich glaube, wenn man die NFTs für bare Münze nimmt und sich nur Beispiele wie dieses ansieht, ist es für normale Menschen schwer, das "Warum" des Wahnsinns zu verstehen, der hier vor sich geht. Und das zu Recht: Aber man muss über den Tellerrand hinausschauen, um zu erkennen, warum das alles überhaupt nicht verrückt ist und, wie ich glaube, etwas viel Größeres darstellt.

Ich denke, dass NFTs viel wertvoller werden, wenn sie an Funktionen gebunden sind. Zum Beispiel wird ein NFT, mit dem du an MrBeast-Wettbewerben teilnehmen kannst, im Preis steigen. Oder ein NFT, mit dem du ein Augmented-Reality-Objekt besitzen kannst und dessen einziger Besitzer du bist, würde ebenfalls im Preis steigen. Es ist also nicht nur die Möglichkeit, das Objekt weiterzuverkaufen, die es wertvoll macht.

In den Anfängen des Ökosystems der non-fungible Token herrschte der Glaube vor, dass sich die Käufer/innen nicht um die nachgewiesene Knappheit der NFTs scheren und sie nur deshalb kaufen würden, weil sie auf einer Blockchain sind. Ich glaube vielmehr, dass traditionelle Merkmale wie **Nützlichkeit** und **Herkunft** die Nachfrage beeinflussen. Am offensichtlichsten ist der Nutzen: Ich bin bereit, für ein NFT-Ticket zu zahlen, wenn ich damit an einer Konferenz teilnehmen kann; ich bin eher geneigt, ein Kunstwerk zu kaufen, wenn ich es in einer virtuellen Umgebung ausstellen kann; und ich bin bereit, einen Gegenstand zu kaufen, wenn er mir in einem Spiel besondere Fähigkeiten verleiht.

Das Konzept der Nutzbarkeit bringt die Geschichte eines NFTs auf den Punkt. Was war die Ursache des Problems? Wer war der vorherige Besitzer? Je weiter sich das Ökosystem entwickelt, desto komplexer werden die Geschichten der faszinierenden NFTs und desto mehr Einfluss haben sie auf den Wert eines Tokens. Es gab auch das Missverständnis, dass, nur weil ein Smart Contract eingerichtet wurde, das Vermögen für immer geschützt wäre. Dabei wird übersehen, dass andere Unternehmen (Websites, mobile Anwendungen) als Portal für normale Menschen dienen, um mit diesen Wertgegenständen zu interagieren. Das Vermögen verliert erheblich an Wert, wenn diese Portale nicht mehr funktionieren. Zweifellos wird der Tag kommen, an dem dezentrale Programme vollständig verteilt und "unaufhaltsam" eingesetzt werden können, aber im Moment leben wir in einer hybriden Welt.

Quo vadis NFT?

Neben der Digitalisierung und Tokenisierung von Kunstobjekten, bieten NFTs noch weitaus andere Chancen. NFTs bieten die Möglichkeit, Umweltprobleme wie die Verschmutzung der Ozeane und die Entwicklung von Technologien für den biologischen Abbau von Plastik anzugehen sowie den Schutz von Tieren zu unterstützen. Gemeinnützige Organisationen können zum Beispiel als eine Art Belohnungssystem für freiwillige Aktionen wie die Reinigung verschmutzter Strände, Parks oder Ländereien anbieten. CleanOcean, eine deutsche Initiative, ist ein reibungsloser, dezentraler, ertragsgenerierender Öko-Token, der Spenden generiert. Ihr Ziel ist es, nachhaltigen und umweltfreundlichen Handel zu betreiben und dabei den CO_2-Ausstoß und die Emissionen auf ein Minimum zu reduzieren. Darüber hinaus wird die NFT-Plattform von CleanOcean unterstützt, die sich aus Spenden finanziert und das Ziel verfolgt, die Ozeane zu säubern, indem sie Freiwillige und Hobbyisten zusammenbringt, die für ihre Bemühungen um die Säuberung verschmutzter Meere und Seen mit Token belohnt werden. In Zusammenarbeit mit der ukrainischen Marke (TTSWTRS), die für Tattoo-Pullover steht, wurde ein Sachfilm mit dem Titel Mission uraufgeführt, der sich für den Erhalt der Küste Patagoniens einsetzt. Anhand von Filmmaterial zeigen lokale Organisationen in Chile und Argentinien, wie sie Missionen zur Säuberung des Ozeans in entlegenen Gebieten Patagoniens unterstützen. Der Film wurde als nicht-funktionales Spielzeug (NFT) auf der Auktion der umweltfreundlichen Plattform "Truesy" ausgestellt. Der gesamte Gewinn wird an die Umweltorganisation "Parley for the Oceans" gespendet.

Nachteile von NFTs

NFTs haben eine Reihe von Unzulänglichkeiten. Wir befinden uns noch in den Anfängen der Entwicklung von NFTs. Es handelt sich um eine äußerst komplizierte Technologie, die die große Mehrheit der Menschen nur schwer verstehen und vollständig nachvollziehen kann. Es gibt mehrere große Hindernisse, die aus dem Weg geräumt werden müssen, bevor eine Massenakzeptanz erreicht werden kann. Dazu gehören:

1) Es muss einen nützlichen Zweck für die NFTs geben, oder einen echten Wert, der den NFT unterstützt und auf den sich alle Gemeinschaften einigen können.

2) Zweitens muss das Nutzererlebnis einfach und nahtlos sein. Die große Mehrheit der Menschen weiß nicht, wie die Algorithmen von Google Maps funktionieren; sie folgen einfach den Anweisungen. In ähnlicher Weise müssen Blockchain-Anwendungen die Nutzer/innen nicht über NFTs aufklären; stattdessen müssen sie es ihnen nur einfach machen, sie zu nutzen.

3) Kompatibilität zwischen den Blockchains und zwischen den Anwendungen. Angesichts der Entstehung des Metaversums weiß jeder Entwickler, dass die Kompatibilität seiner NFTs mit anderen Märkten, Spielen und Anwendungen die Nutzbarkeit seiner NFTs nur verbessern und seinen Nutzern langfristig zugute kommen wird. Außerdem hat dies den zusätzlichen Vorteil, dass die potenzielle Zielgruppe durch Netzwerkeffekte vergrößert wird.

4) Die Stabilisierung und breite Akzeptanz von Kryptowährungen. NFTs werden mit Kryptowährungen erworben. Dein Käufermarkt wird winzig bleiben, solange es nicht genügend Personen gibt, die Kryptowährung besitzen oder die zögern, etwas davon auszugeben, weil sich ihr Wert deutlich nach oben oder unten verändern könnte.

5) Die sichere Aufbewahrung deiner Wertsachen. Eines der aktuellen Probleme bei NFTs ist, dass die Assets (Bilder, Videos und Musik) eine enorme Dateigröße haben können. Aus diesem Grund speichern die meisten Entwickler die Assets "off-chain". Das bedeutet, dass der eigentliche Song nicht auf der Blockchain gespeichert ist, sondern dass die NFT einfach auf eine Datei verweist, die auf einem anderen Dienst oder Server gespeichert ist. Das Problem dabei ist, dass der eigentliche Vermögenswert, der deiner NFT zugrunde liegt, verloren geht, wenn dieser Dienstleister oder der ursprüngliche NFT-Marktplatz seinen Betrieb einstellen. Du bekommst dann jedes Mal, wenn du deine NFT öffnest, die Fehlermeldung "Datei nicht gefunden". An der Entwicklung von Lösungen für dieses Problem (IPFS zum Beispiel hat großes Potenzial) sowie an Ansätzen zur Komprimierung von Vermögenswerten, damit sie direkt auf der Blockchain gespeichert werden können, wird gearbeitet. Es gibt jedoch noch viel zu tun, bevor wir mit NFTs rechnen können, die unbegrenzt überleben können, ohne dass sie gewartet werden müssen.

Vorteile von NFTs

Dennoch haben NFTs auch zahlreiche Vorteile. Die Blockchain ist von Natur aus sicher, dezentralisiert und weltweit zugänglich, und sie soll dem Einzelnen helfen, sein Vermögen zu vermehren. Sie ist gegen Zensur und Korruption durch eine kleine Gruppe von starken Individuen geschützt. Sie bietet die Grundlage für eine völlig neue Ebene von Anwendungen und Diensten, die dem gesamten Internet hinzugefügt werden können. Aufgrund dieser eindeutigen Vorteile haben Blockchains das Potenzial, praktisch alle derzeit genutzten Dienste und Anwendungen zu ersetzen, und werden dies auch tun. Vom dezentralen Finanzwesen (DeFi) über soziale Medien und Streaming-Dienste bis hin zu Spielen, Unterhaltung, Handel, Gesundheitswesen und Lieferkettenmanagement - das Internet der Dinge wird alles verändern. Und es werden noch radikalere Fortschritte folgen, wie Biotechnik und KI-Sicherheitsstandards.

Mit einer Handelsplattform für Kryptowährungen und nicht-traditionelle Währungen haben moderne Investoren Zugang zu einer breiten Palette von Anlagerisiken und einem diversifizierten Portfolio. Gleichzeitig unterstützen sie Künstler und entmachten Mittelsmänner, die dem Prozess keinen Mehrwert hinzufügen.

Der Erwerb von Vermögenswerten ist ein Mittel, um der Armut zu entkommen. Weltweit gibt es 1,4 Milliarden Menschen, die keinen Zugang zu den üblichen Bankdienstleistungen haben und deshalb nicht an ihnen teilhaben können. Überlege dir, welche Folgen es hat, wenn du kein Bankkonto hast: Du kannst keinen Kredit aufnehmen, keine Kreditkarte beantragen, kein Auto kaufen, nichts auf eBay verkaufen und so weiter. Für die Mehrheit der Menschen in den Industrieländern ist das eine Selbstverständlichkeit. Kryptowährungen und Nicht-Fiat-Währungen ändern dieses Paradigma. Diese 1,4 Milliarden Menschen haben jetzt die Möglichkeit, schnell eine Geldbörse zu benutzen, an digitalen Märkten teilzunehmen, Kunst, Musik und Spiele zu schaffen und Finanzierungen zu erhalten, die ihnen helfen, ihre Unternehmen zu gründen und zu erweitern.

Zum ersten Mal in ihrem Leben haben sie die Möglichkeit, ein Vermögen anzuhäufen, und zwar schnell. Ihr Hauptziel ist es, die wirtschaftliche Vitalität ihrer Familien und Gemeinden zu steigern. Die digitale Wirtschaft ist weder durch staatliche und nationale Grenzen noch durch physische oder logistische Zwänge eingeschränkt. Virtuelle Gemeinschaften und Welten erleichtern den Austausch von Werten bei minimalen Kosten.

Weiterhin können Inhalte nicht blockiert werden. Keine Organisation, kein Unternehmen und keine Regierung hat die Möglichkeit, die auf der Blockchain gespeicherten Inhalte vollständig zu unterdrücken. Da es keine zentralisierte Führungsperson oder ein Team gibt, das sie bestrafen oder ins Gefängnis stecken können, und weil es keine einzelnen Server gibt, die sie abschalten können, ist dies der reinste Ausdruck von Meinungsfreiheit, den es im Internet gibt. Das gilt selbst dann, wenn eine der Anwendungen, die NFTs nutzen, abgeschaltet wird. Es ist möglich, dass eine beliebige Anzahl neuer dezentraler Anwendungen ihren Platz einnimmt, da die Daten auf der Blockchain noch intakt sind.

"Die große Aufregung um NFTs ist wohlverdient", sagt Nick Emmonds, Mitbegründer von Upshot. NFTs werden über den

Bereich der Kunst und Sammlerstücke hinausgehen und eine weitaus größere Vielfalt an finanziellen Vermögenswerten repräsentieren, die im gesamten Ökosystem der Kryptowährungen und der dezentralen Finanzinfrastruktur (DeFi) effektiv eingesetzt werden können. Wenn es darum geht, mit Immobilien, Versicherungen, Optionen und anderen Finanzinstrumenten als Nicht-Finanzinstitute (NFTs) zu interagieren, sind einfache Dinge wie die Aufnahme von Krediten für deine Sammlung digitaler Kunst erst der Anfang. NFTs sind das fehlende Puzzlestück bei der Dezentralisierung des restlichen Finanzsystems und ermöglichen das Entstehen grundlegend neuer finanzieller Interaktionen. Dies wird zu einer enormen Ausweitung der finanziellen Eingliederung auf der ganzen Welt führen und es großen Teilen der Öffentlichkeit ermöglichen, an einem Finanzsystem teilzuhaben, das für sie bisher unzugänglich war."

Wie du mit NFTs Geld verdienst

Die Investitions- und Verdienstmöglichkeiten in Kryptowährungen entwickeln sich stetig weiter. Dazu gehören auch die NFTs, die das nächste große Ding in der Kryptowelt sein könnten. Die Technologie hinter den Non-Fungible Token ermöglicht eine Form des passiven Investierens, da der Künstler bei jeder Transaktion mitverdient. Das gibt es bislang noch nie.

NFTs sind so beliebt geworden, dass angesehene Unternehmen, Prominente und Investoren ihre eigenen NFTs auf den Markt bringen. Damit du nicht auf Betrüger hereinfällst, gebe ich dir hier noch einmal die wichtigsten Merkmale, um eine NFT-Investition kritisch zu bewerten, damit du dein Geld auch wirklich vermehren kannst.

Checkliste Krypto-Kunst:

Bewertungskriterium NFT
1. Wie selten ist der NFT?
2. Wie bedeutend und / oder beliebt ist der Ersteller?
3. Handelt es sich um eine 1st Version?
4. Die Reihenfolge des NFTs (#1, #85, #536)
5. Hat der NFT einen Nutzen?
6. Gefällt dir der NFT?
7. Für wieviel wurde es bislang oder ähnliche Werke des Künstlers verkauft?
8. Wie hoch ist das Transaktionsvolumen dieser Serie / des Künstlers?

Abbildung 21: Checkliste Kryptokunst

Die Abbildung 21 stellt dabei eine einfache Bewertungsmatrix dar, mit dessen Kriterien zu selbstständig in die Lage versetzt wirst einen guten von einem schlechten NFT zu unterscheiden:

1. Wenn es von einem bestimmten digitalen Vermögenswert nur 10 Exemplare gibt - im Gegensatz zu einem digitalen Vermögenswert mit 10.000 Exemplaren - wird sich das natürlich auf seinen Marktwert auswirken. Das ist jedoch nur die Hälfte der Gleichung.
2. Im Prinzip kann jeder über verschiedene Plattformen digitale Werte prägen und ausgeben. Aber wahrscheinlich wird niemand speziell auf deine Kunst warten. Als Paris Hilton jedoch ihre geprägte Zeichnung einer Katze herausgab, stürzten sich die Leute darauf, um sie zu ergattern. Der Künstler und dessen Bekanntheit / Beliebtheit kann einen sehr großen Einfluss auf den Wert und das Interesse der Sammler an einem Vermögenswert auf dem Markt haben.
3. Handelt es sich um die erste Generation einer Serie? Oder handelt es sich um ein Erinnerungsstück, das einen Moment oder einen Zeitraum von großer Bedeutung darstellt? Stellt dieser digitale Vermögenswert (jetzt oder in Zukunft) einen bedeutenden und weithin anerkannten "Moment oder Zeitraum" dar, der niemals wiederholt werden kann (z. B. eine Premiere)?
4. Einfach ausgedrückt: Ist der NFT eine #1 oder #71 oder #741? Das kann einen erheblichen Einfluss auf den Vergleichswert haben.
5. Bringt der NFT dem Besitzer Belohnungen (z.B. einzigartige Airdrops oder besondere Zugangsrechte)? Noch einen Schritt weiter gedacht: Hat es einen Nutzen, der über ein bestimmtes

Spiel hinausgeht, und kann es in mehreren Spielen oder Umgebungen eingesetzt werden - und damit seinen Wert steigern?).

6. In der Regel ist dieses Attribut eine sehr subjektive Einschätzung und "die Schönheit liegt im Auge des Betrachters".
7. Wie hat der Markt diesen digitalen Vermögenswert bis heute bewertet? Wie bewertet der Markt andere digitale Vermögenswerte, die als vergleichbar mit diesem angesehen werden können? Es ist wichtig, sich zu fragen: "Warum hat der Markt seinen Wert bisher nicht erkannt? Wenn es dafür eine gute Erklärung gibt, die sich voraussichtlich ändern wird, dann hast du vielleicht einen Gewinner gefunden. Bedenke aber immer, dass du vielleicht nie eine Rendite für deine Investition erhältst, wenn der Markt den Wert, den du anlegst, nie sieht.
8. Wie hoch ist das Transaktionsvolumen auf OpenSea? Wie teuer sind die NFTs dieser Serie? Steigt oder fällt der Preis eher?

Als Einstieg in den NFT Markt rate ich dir ein gutes Research. Sehr bekannte und teure NFTs solltest du am Anfang eher vermeiden. Der Markt ist noch so stark am Wachsen, dass es auch mit einem kleineren Budget sehr spannende Einstiegschancen gibt, wenn du die Bewertungskriterien beachtest, bzw. dich mit der Community austauscht.

Falls du dich eher auf die großen Projekte konzentrieren möchtest, ist das nachfolgende Modell eine Überlegung wert.

Fractionalize

Ein CryptoPunk ist dir zu teuer, du glaubst aber trotzdem an das zukünftige Geschäftspotential? Wenn du nicht genug Geld hast, um einen renommierten NFT zu kaufen, kannst du dennoch an einem tollen Projekt partizipieren: Dafür wird ein Punk auf die gleiche Weise behandelt wie ein Unternehmen durch Aktien. Der NFT wird in viele identische Token aufgeteilt - "fraktioniert" -, die als Ganzes nicht fungibel (nicht austauschbar) sind. Als solches ist der NFT nicht fungibel aber die Münzen, die zur Fraktionierung verwendet werden, sind fungibel und können relativ einfach einzeln umgetauscht werden. Du kaufst quasi einen Bruchteil eines NFTs. In Abbildung 22 wird das Vorgehen anschaulich dargestellt. Auf wieviele Kästchen so ein NFT aufgeteilt wird, ist sehr unterschiedlich. Das berühmte DOGE Coin Meme wurde in fast 17 Milliarden Bruchstücke aufgeteilt, wovon im Mai 2022 knapp 10 % zum Verkauf angeboten werden.

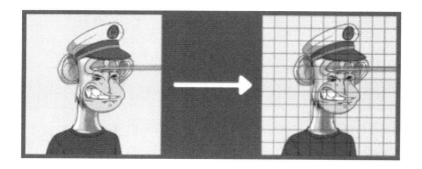

Abbildung 22: Fractionalized Board Ape

Je nachdem, wie viele Anteile eines bestimmten NFT noch zum Verkauf stehen, und du freies Budget zur Verwendung hast, kannst du so viele oder so wenige kaufen, wie du willst. Die Mindestbeteiligung je Bruchstück schwankt ebenfalls je nach NFT und kann sogar auf 0,001 Anteile fraktioniert sein. Somit bist du je nach Projekt schon mit 50 Euro dabei. Es kann der Fall eintreten, dass jemand den gesamten NFT und damit alle Anteile kaufen möchte. Das wird als "Buyout" bezeichnet. Dabei erhältst du einen proportionalen Anteil der Umsätze, die über die Plattform über den Versteigerungsprozess eingenommen wurden.

Wenn es zu einem Buyout kommt, d.h. jemand möchte alle Anteile und damit den gesamten NFT kaufen, wird eine Auktion auf den Plattformen durchgeführt. Du erhältst dann einen proportionalen Anteil des Erlöses in Höhe deiner Anteile. Es gibt entsprechende Plattformen für den Kauf von Anteilen, auf denen NFT-Besitzer ihre Werke fraktionieren und die Anteile zum Verkauf anbieten können: Die zentrale Homepage für fraktionierte NFTs ist www.fractional.art.

Neuer Arbeitsmarkt

Eine Chance, welche so auf den ersten Blick eventuell nicht sofort ins Auge sticht beim Thema NFT, sind die extrem guten Arbeitsmarktchancen. Die großen Tech-Unternehmen rüsten im Web3 mächtig auf. Das zeigen die offenen Stellenanzeigen in diesem Bereich. Disney ernannte gerade einen "Senior Vice President of Next Generation Storytelling and Consumer Experiences" - er soll sich mit der Metaverse-Strategie des Unternehmens beschäftigen. Die Stelle wurde mit einem langjährigen internen Executive besetzt. Nike sucht aktuell einen "Director Of Metaverse Engineering", während YouTube eine Stelle für "Director, Product Management, YouTube Web3" ausschreibt. Grundvoraussetzung ist zwar ein Abschluss in Computer Science - doch viel wichtiger sind Erfahrungen in Web3, Metaverse und NFT! Viele Skills, die für diese Jobs relevant sind, können gar nicht im Studium erlangt werden: Erfahrungen in Creator Economy, Erwerb und Verkauf von NFTs und dApps sind nur einige davon.

Die Web3 Experten sollen auf der einen Seite neue Metaverse-Strategien entwerfen, auf der anderen Seite operativ anpacken können und technologische Lösungen umsetzen. Es ist also super viel Bewegung in diesem Bereich - und der Kampf um die Talente geht jetzt richtig los. Wer die richtigen Skills hat, um den reißen sich die Unternehmen!

Beim SuperBowl 2022 schaltete Coinbase eine Werbeanzeige und erreichte 20 Millionen Aufrufe innerhalb nur EINER Minute. Das führte natürlich erstmal zum sofortigen Crash der Website, zeigt aber auch die starke Präsenz des Themas.

Für diese Technologien gibt es kaum geeignete Mitarbeiter. Die Talents mit den richtigen Skills, können sich den Job aussuchen. Das Tempo der Veränderung ist so rasant, dass der klassische deutsche Mittelstand in Zukunft schwer mithalten kann. Somit entsteht um das Thema Metaverse & Web3 ein neuer Markt für Talente, Weiterbildung und externe Dienstleister.

Die Möglichkeiten scheinen für Entwickler unbegrenzt. Denn NFTs ermöglichen es bei allen Transaktionen (nicht unbedingt finanzieller Art) zwischen verschiedenen Einrichtungen zu garantieren, die sich nicht immer gegenseitig Vertrauen. Im Bildungsbereich bieten einige Schulen (EM Lyon, mehrere Gymnasien in Italien) an, ihre Abschlüsse mit NFTs zu zertifizieren, um den Betrug mit Abschlüssen zu bekämpfen.

Erwartete Trends

Das Jahr 2021 war das turbulenteste Jahr in der Geschichte der Kryptoindustrie und NFTs im Besonderen. Wie schon erwähnt hängen diese beiden unweigerlich miteinander in Verbindung. Noch nie gab es eine so große Aufmerksamkeit und Nachfrage nach diesem Thema. Im Jahr 2021 hat das mittelamerikanische Land El Salvador damit begonnen, Bitcoin als gesetzliches Zahlungsmittel zu regulieren; der non-fungible Token NFT hat sich zu einer neuen Art von digitalem Produkt entwickelt, das von traditionellen Marken und Prominenten weithin akzeptiert wird; Facebook hat seinen Namen in "Meta" geändert und plant, die Verschlüsselung in vielen Aspekten der Digitalisierung zu erforschen; das Metaverse-Konzept durchbricht den Verschlüsselungskreis und dringt in die breitere Internetwelt und sogar in den traditionellen Geschäftsbereich ein.

Experten der Kryptoindustrie in Übersee sind der Meinung, dass 2022 ein Übergangsjahr in der Kryptobranche sein könnte und dass verschlüsselte Vermögenswerte und Blockchain-Produkte mit Relevanz, Nutzen und soliden Grundlagen für die Investitionsmärkte und Nutzer am attraktivsten sein werden. Das Blockchain-Forschungsunternehmen Arcane Research und einige Beobachter der Krypto-Branche haben Vorhersagen zu den Trends in der Krypto-Branche für 2022 gemacht. Hier sind die top Trends zur Entwicklung von Krypto und NFTs.

Bitcoin nähert sich traditionellen Finanzindikatoren immer mehr an

Während die zunehmenden Coronavirus-Fälle eine Bedrohung für den weltweiten Wirtschaftsaufschwung darstellen, haben sowohl Bitcoin als auch die Benchmark-Indizes im Jahr 2021 solide Gewinne eingefahren: Bitcoin ist um 66% gestiegen und der S&P 500 um etwa 27%. Da sich Bitcoin aber immer mehr wie ein riskanter Vermögenswert verhält, wird er nach Ansicht des Blockchain-Forschungsunternehmens Arcane Research die große Volatilität am Aktienmarkt noch verstärken. "Bitcoin könnte besser abschneiden, wenn die Aktien 2022 weiter steigen", so das Unternehmen, "aber wenn wir ein Jahr mit roten Zahlen für die Aktien sehen, könnte Bitcoin schlechter abschneiden".

Laut Arcane Research hat sich der Aktienmarkt im vergangenen Jahr hervorragend entwickelt, aber ein Muster ist deutlich geworden: "Die Angst vor dem Finanzmarkt hat sich direkt auf die Entwicklung von Bitcoin ausgewirkt." Der Volatilitätsindex (VIX) der CBOE ist ein Indikator für die erwartete Volatilität am Aktienmarkt, die durch Optionen auf den S&P 500 angezeigt wird. Im letzten Jahr wurde der Anstieg des VIX von einem Ausverkauf von Bitcoin begleitet. Arcane Research warnte, dass der Gegenwind am Markt im Jahr 2022 Auswirkungen auf den kurzfristigen Kursverlauf von Bitcoin haben könnte.

Arcane Research sagt auch voraus, dass es 2022 mehr Bitcoin-Mining-Verbote in Ländern mit schwacher Elektrizität oder unzureichender Energieversorgung geben wird, "während andere energiereiche Länder die Industrie annehmen werden".

Ethereum wird Bitcoin wieder einmal überholen

Ethereum, das seit langem auf Platz 2 der Krypto-Asset-Rangliste steht, übertraf Bitcoin im Jahr 2021 bei weitem: Es stieg um 418%, während Bitcoin nur um 66% zulegte. "Dieser Abstand ist der größte seit der Einführung von Ethereum im Jahr 2015", so Arcane.

Einer der Gründe, warum Ethereum auch im Jahr 2022 noch besser abschneiden wird, ist der Anstieg der NFT-Verkäufe. Die meisten Krypto-Assets laufen nach wie vor auf der Ethereum-Blockchain, die einen realen Nutzen hat und deren Blockchain Smart Contracts unterstützt, die für eine breite Palette von Anwendungen genutzt werden können. Im Jahr 2021, mit dem Upgrade von Berlin nach London, verbessert Ethereum die Fähigkeit des Netzwerks, mehr Transaktionen zu verarbeiten. Roger, ein früher Bitcoin-Anhänger und Investor und einer der fünf Gründer der Bitcoin Foundation, glaubt auch, dass 2022 das Jahr sein wird, in dem Ethereum den Bitcoin in Bezug auf die Marktkapitalisierung und fast jede andere Kennzahl verdrängt.

Raj A. Kapoor, der Gründer der Indian Blockchain Alliance, sagte, dass Ethereum irgendwann im Jahr 2022 den Bitcoin als wertvollste Kryptowährung überholen könnte.

Die meisten Meme-Vermögenswerte werden verschwinden

Investoren sehen die Popularität von Meme-ähnlichen Krypto-Token (Meme-Coins) kritisch. Shiba Inu zum Beispiel, ein Derivat von DogeCoin, ist im letzten Jahr um 44.540.000 % gestiegen. Und das Krypto-Asset SQUID, benannt nach der beliebten Netflix-Serie "Squid Game", stieg in weniger als einer Woche um mehr als 75.000 %, verschwand aber schnell wieder.

"Wir können den Markt 2021 nicht zusammenfassen, ohne die absurde Meme-Coin-Rallye 2021 zu erwähnen", sagte Arcane Research und fügte hinzu, dass das Phänomen "ein historisches Relikt der absurden Ära von 2021" sein würde.

CoinDesk-Chefinsights-Kolumnist David Z. Morris glaubt, dass Meme-Coins ein Casino sind, aber sie genießen eine positive Feedback-Schleife, da der Gewinner ein großes öffentliches Interesse auf sich zieht und so die Gewinnerrolle am Laufen hält. Umgekehrt ist ein Abwärts- oder Seitwärtszyklus auch brutal. "Aber im Jahr 2022 wird es weniger ähnliches Verhalten bei Neueinsteigern in Krypto-Assets und eine Konsolidierung rund um informiertes Investieren geben, was bedeutet, dass Token wie DOGE weiter an Schwung verlieren werden (er erreichte seinen Höhepunkt im Mai letzten Jahres), während der neue Aufschwung begrenzt sein wird."

David Z. Morris sieht Shiba Inu als "interessante Ausnahme", weil es eine mögliche Demonstration dafür darstellt, wie man ein Meme in ein echtes Projekt verwandeln kann. "Sein ShibaSwap DEX ist zumindest oberflächlich gesehen recht interessant, aber ich kann nicht mit Sicherheit sagen, ob das Projekt dadurch aufgewertet wird und sein Meme-Charakter verschwindet."

Metaverse wird den Mainstream-Markt durchdringen
GameFi wird als eine Untergruppe des Metaverse betrachtet, da die meisten Spieleentwickler in der Blockchain-Welt Ökosysteme auf der Blockchain aufgebaut haben, die enger mit der virtuellen Welt des Metaverse verbunden sind. Non-Fungible Token, NFTs, sind ebenfalls ein Ableger des Metaverse, wo Spieler/innen Geld für

digitale Kunstwerke ausgeben, ganz zu schweigen von spielbezogenen Waffen, Ausrüstung und sogar virtuellem Land.

Ishan Arora, Partner beim Krypto-Hedgefonds Tykhe Block Venture, sagte, dass zu den Themen, die man 2022 im Auge behalten sollte, Gaming und NFTs gehören. "Im Jahr 2021 erwarteten nur wenige, dass NFTs eine Killeranwendung sein würde, die das Interesse und die Akzeptanz des Mainstreams fördern konnte." Sandra, CEO des Global Blockchain Business Council, glaubt auch, dass Metaverse im Jahr 2022 zu einem Ort der Neugierde im Mainstream-Markt werden wird.

Raj A. Kapoor, der Gründer der Indian Blockchain Alliance, sagte, dass Metaverse durch die Beteiligung der traditionellen Tech-Giganten ein superstarkes Thema sein wird. "Die Namensänderung von Facebook und das darauffolgende starke Wachstum von Krypto-Spielen werden bemerkenswerte Ereignisse sein."

"Wenn man sich die Liste der großen Medienunternehmen, Sportligen oder Inhaltsersteller anschaut, die zu Beginn und am Ende des Jahres an digitalen Assets beteiligt sind," glaubt Wu von Ava Labs, dass 2022 mehr traditionelle Markenunternehmen in den NFT-Bereich einsteigen werden.

Die innovativen Produkte von DeFi werden die Entwicklung von öffentlichen Netzwerken fördern

"Bis 2022 wird DeFi immer noch eine große Sache sein, und wir sehen nur die Spitze des Eisbergs." Nils Gregersen, Gründer und CTO der Payer UG in Hamburg, glaubt, dass es viele neue Produkteinführungen im DeFi-Bereich geben wird, die wir uns heute noch nicht vorstellen können.

Chris Kalani, Chief Product Officer von Phantom Wallet, freut sich eher darauf, dass DeFi neue Anwendungsfälle für Spiele und Zahlungen erschließt: "Die Beschleunigung und Kostenreduzierung von Blockchain-Netzwerken wird uns Türen öffnen, die wir in der ersten Welle des DeFi-Booms nicht gesehen haben, denn die Entwicklung von Layer 1 und Layer 2 wird die Entwickler zu mehr Experimenten anregen, und ein Bereich, den wir bereits sehen, ist das Aufkommen von Dezentralen Autonomen Organisationen (DAOs)."

CoinDesk-Kolumnist David Z. Morris erklärte unverblümt, dass eine der wirklich bullischen Tatsachen, die er in diesem Jahr gesehen hat, die Fragmentierung des Nutzerinteresses an realen Anwendungen über mehrere Blockchains hinweg ist: "Zum Beispiel haben wir im NFT- und DeFi-Bereich nicht nur Sawana, sondern auch die Massenakzeptanz von Tezos und anderen Blockchains gesehen." Er sagte, es gebe gute Gründe zu glauben, dass sich langfristig eher zwei oder drei dominante Smart-Contract-Ketten herausbilden werden als fünf oder sechs. "Im nächsten Jahr wird sich die Vielfalt der Nutzer der Plattform vergrößern, aber damit kommt auch echter Wettbewerb und schließlich eine Re-integration."

Abhängigkeiten vom Kryptomarkt

NFTs sind vom Rückgang des Kryptomarktes aktuell kaum betroffen; die Transaktionsvolumina nehmen weiter zu, während die Anzahl der Unique Active Wallets (UAWs), die mit NFT-dApps auf Ethereum verbunden sind, seit Q3 2021 um 43% gestiegen ist.

Auf der anderen Seite ist die Korrelation zwischen der DeFi-Nutzung und dem Preis von Kryptowährungen offensichtlich. Als die Preise von ETH, SOL, AVAX und LUNA Höchststände erreichten, wurden täglich mehr als 1,25 Millionen UAWs mit DeFi dApps verbunden, während der Kryptomarkt in letzter Zeit träge war.

Trotz der jüngsten negativen Trends auf dem Kryptomarkt ist die Nutzung von Blockchain-Gaming weiterhin weit verbreitet. Gaming macht mittlerweile 52% der App-Nutzung in der gesamten Branche aus und vergrößert damit den Abstand zu DeFi dApps.

Wie ist die Lage auf dem NFT-Markt? Meiner Meinung nach sind 95 bis 99 % davon sind wahrscheinlich eine hochspekulative Blase, mit unzähligen neuen Projekten jeden Tag. Die meisten von ihnen werden es nicht schaffen und in der Versenkung verschwinden. Für mich ist es eine andere, aktive Form des Handels und damit an der höchsten Stelle der Risikoskala einzuordnen. Anfängerinnen und Anfänger sollten anfangs die Finger davon lassen. Aber mit dem richtigen Wissen, der Beschäftigung mit dem Markt und der nötigen Erfahrung, sind gute Margen möglich. Als NFT-Händler bin ich natürlich voreingenommen, aber ich sehe einen unglaublich attraktiven Markt, in dem noch lange nicht alle Möglichkeiten ausgeschöpft sind. Viele sind überzeugt, dass NFT wertfreie Bilder sind. Ich akzeptiere diese Meinung, aber ich teile sie nicht. In Zukunft werden sie Eintrittskarten, Mitgliedsausweise, Schlüssel zu besonderen Veranstaltungen oder Modekollektionen sein. Die Spekulation ist hier der Anfang. Die Anpassung ist das Ende. Ich ziehe es vor, am Anfang dabei zu sein. Und du? Was denkst du?

Rechtliche Fragen rund um NFTs

Keine Rechte an geistigem Eigentum

Ein NFT wird erstellt, um ein zugrundeliegendes Kunstwerk auszustellen, weshalb der Autor oder Eigentümer des NFT unbedingt im Besitz der zugrundeliegenden geistigen Eigentumsrechte sein muss. Wie du bereits gelernt hast, kannst du im Prinzip jedes Bild zu einem NFT minten. Dadurch hast du allerdings noch nicht die impliziten Eigentumsrechte am Bild, sondern nur am NFT erschaffen. Das ist ein gewaltiger Unterschied!

Um das Recht zu erhalten, ein Original-Kunstwerk zu reproduzieren, müssen die NFT-Inhaber/innen zunächst eine Lizenz für die zugrunde liegenden Rechte von den Künstler/innen erwerben, die das betreffende Kunstwerk geschaffen haben. Diejenigen, die über diese Rechte verfügen, können beschließen, eine Lizenz in Verbindung mit verschiedenen Einschränkungen zu erteilen, wie und mit welchen Mitteln eine NFT genutzt werden kann, anstatt einfach eine Lizenz zu erteilen.

Erinnerst du dich an ein Video von LeBron James, einem bekannten Basketballspieler, der den Ball in den Korb wirft? Er stellte es als Teil einer limitierten Serie von NBA-Highlight-Videos zur Verfügung, die er als Sammlerstücke herausgab. Top Shot NFTs können auf dem sogenannten Top Shot NFTs Markt gekauft und verkauft werden. Auch wenn du das Urheberrecht oder den Vertrag erwirbst, behält die NBA die Kontrolle über das geistige Eigentum oder den Vertrag. Wenn jemand diese NFT nachbauen möchte, muss er die Lizenzanforderungen der NBA erfüllen.

Was passiert, wenn du gegen diese Bedingungen verstößt? Ein Marktplatz für NFT kann das Recht haben, dein Benutzerkonto zu kündigen oder einen NFT-"Moment" jederzeit ohne vorherige Ankündigung aus seiner Anwendung zu entfernen. In diesem Fall sind sie nicht verpflichtet, ihre Kunden im Voraus zu informieren. Sir Tim Berners-Lee hat zahlreiche faszinierende NFTs erfunden und den Web-Quellcode NFT für angeblich 5,4 Millionen Dollar verkauft. Er ist in der Lage, einen hohen Preis für NFTs zu verlangen. Da er das Urheberrecht besitzt, ist er nicht an Verträge oder Lizenzbeschränkungen gebunden. Sir Tim ist in der Lage, den Code zu vervielfältigen, wenn er eines seiner NFT-Geräte entwickelt.

Der Eigentümer aller Rechte ist nämlich ein Urheberrechtsinhaber, der die einzigartigen NFTs an der Verbreitung, Veränderung, Veröffentlichung und Ausstellung des Werks hindert, es sei denn, der Eigentümer überträgt die Exklusivrechte an eine andere Person. In diesem Szenario ist der Inhaber aller Rechte ein Urheberrechtsinhaber. Der Käufer einer NFT erhält nur den Token und die Möglichkeit, das mit dem Token verbundene urheberrechtlich geschützte Kunstwerk für seine persönlichen Zwecke zu nutzen. Je nachdem, welche Rechtstheorien angewandt werden, kann ein/e Käufer/in, der/die sich in seinen/ihren Rechten verletzt sieht oder einen wirtschaftlichen Schaden erlitten hat, den Verkäufer des Non-Fungible-Tokens gerichtlich in die Pflicht nehmen.

Steuerliche Aspekte

Im Allgemeinen enthält das Einkommensteuerrecht keine ausdrücklichen Bestimmungen zur Besteuerung von Einkünften, die aus dem Erhalt, dem Tausch, dem Besitz oder der Veräußerung von Coins, Token oder Transaktionen auf der Blockchain stammen. Daher werden die "üblichen" Steuervorschriften auf der Grundlage der aktuellen Rechtslage und nicht der früheren Rechtslage angewendet. Die Finanzbehörde Hamburg (Erlass vom 11. Dezember 2017 - S 2256-2017/003-52) und die Oberfinanzdirektion Nordrhein-Westfalen (Erlass vom 20. April 2018, Nr. 04/2018) haben diese Grundsätze bereits für den Verkauf von Bitcoins formuliert. Sie können auch auf andere Coins und Token angewendet werden.

Die Besteuerung von Kapitalgewinnen, die von natürlichen Personen oder Personengesellschaften erzielt werden, kann auf zwei Arten erfolgen:

Würden die Coins/Tokens im Betriebsvermögen gehalten, wären die Einkünfte aus Gewerbebetrieb (§ 12 Abs. 1 und 2 EStG) - mit den entsprechenden gewerbesteuerrechtlichen Folgen - steuerpflichtig; oder es wären die Einkünfte aus privaten Veräußerungsgeschäften (§ 22 Abs. 2 EStG i. V. m. § 23 Abs. 1 Satz 1 Nr. 2 EStG) steuerpflichtig.

Laufende Einkünfte (z. B. Einkünfte aus Liquiditätspools), die aus dem Privatvermögen stammen, können auch als sonstige Einkünfte nach § 22 Nr. 3 AStG steuerpflichtig sein.

Insbesondere bei der grundlegenden Unterscheidung zwischen gewerblichen und privaten (d.h. vermögensverwaltenden) Tätigkeiten herrscht rechtliche Verwirrung. Der Bundesfinanzhof hat bereits eine Reihe von Kriterien zur Unterscheidung zwischen gewerblichen Wertpapierhändlern, Immobilieninvestoren und Edelmetallanlegern aufgestellt. Von einer gewerblichen Tätigkeit kann ausgegangen werden, wenn diese Merkmale auch auf Coins oder Token zutreffen, z. B. wenn (i) häufige und kurzfristige Umsätze, (ii) der Einsatz von Fremdkapital oder eine Kombination dieser Faktoren vorliegt.

Einkünfte aus privaten Veräußerungsgeschäften sind von der Steuer befreit (§ 23 Absatz 3 Satz 5 AO). Veräußerungsgewinne bis zu 600 EUR im Veranlagungszeitraum sind ebenfalls von der Steuer befreit (§ 23 Abs. 3 Satz 5 AStG). Liegt zwischen dem Erwerb und der Veräußerung ein Zeitraum von mehr als einem Jahr, ist der gesamte Gewinn steuerfrei. Bei Einkünften, die in mindestens einem Kalenderjahr aus Vermögenswerten erzielt werden, die als Einkommensquelle genutzt werden, kann der Zeitrahmen unter bestimmten Umständen auf 10 Jahre verlängert werden.

Die Tatsache, dass die getauschten Coins/Token als FIAT-Währung auf der "Börse" (d. h. einer zentralen oder dezentralen Börse für Coins/Token) belassen oder auf ein Konto bei einem Zahlungsdienstleister oder Kreditinstitut überwiesen werden, sollte für die Frage, ob während des Haltezeitraums ein steuerpflichtiger Verkaufsvorgang stattgefunden hat, unerheblich sein. Außerdem ist es möglich, dass die Wallet der Vermögenssphäre des Steuerpflichtigen zugerechnet wird.

Der individuelle Einkommensteuersatz bestimmt die Höhe der geschuldeten Einkommensteuer. Die Einnahmen aus gewerblichen Tätigkeiten unterliegen einer zusätzlichen Gewerbesteuer von etwa 13 bis 18 Prozent, aber die Gewerbesteuerfreigrenze liegt bei 24.500 EUR und es kann eine Einkommensteuergutschrift gewährt werden.

In einigen Fällen wird auch eine Besteuerung nach den Vorschriften für Kapitalvermögen in Höhe der Kapitalertragsteuer (26,375 Prozent einschließlich Solidaritätszuschlag, ggf. zuzüglich Kirchensteuer) diskutiert. Die Finanzbehörden haben sich dazu noch nicht geäußert, aber auf eine kleine Anfrage des Bundestagsabgeordneten Frank Schäffler hat das Bundesfinanzministerium jetzt erklärt, dass Kryptowährungstransaktionen in der Regel unter die Bestimmungen der §§ 22, 23 des Einkommensteuergesetzes (EStG) fallen.

Wenn ein Unternehmen Coins oder Token verkauft, unterliegen die Gewinne immer der Körperschaftsteuer sowie dem Solidaritätszuschlag und der Gewerbesteuer, und zwar in Höhe von insgesamt rund 30 % des Erlöses, unabhängig davon, wie lange die Coins oder Token im Besitz des Unternehmens waren.

Die Frage, ob Coins/Tokens bei privaten Veräußerungsgeschäften als "sonstiges Vermögen" gelten, wurde in der Rechtsprechung diskutiert. Da die Finanzgerichte bisher nur im Rahmen von einstweiligen Anordnungen über Probleme im Zusammenhang mit Kryptowährungen zu entscheiden hatten, gibt es nur wenige Informationen von ihnen. Das Finanzgericht Berlin-Brandenburg (Urteil vom 20. Juni 2019 - 13 V 13100/19) befasste sich mit der Frage, ob die Einkünfte aus dem Tausch von Ethereum gegen

Bitcoin als sonstige Einkünfte aus privaten Veräußerungsgeschäften eingestuft werden sollten. Mit dem Verweis auf technische Vorgänge wies der Kläger nach, dass das Geld nicht durch Erwerb und Verkauf geschaffen worden war. In Ermangelung einklagbarer Rechte mit wirtschaftlichem Wert sollten Coins bei privaten Veräußerungsgeschäften nicht als "sonstiges Vermögen" behandelt werden, so das Gesetz. Obwohl das Finanzgericht keine wesentlichen Bedenken gegen die Art und Weise der Besteuerung äußerte, stufte es Bitcoin als steuerpflichtiges Privatvermögen ein, das als Zahlungsmittel im Geschäftsverkehr verwendet wird. Das Finanzgericht ging nicht auf die Frage ein, ob die technologische Gestaltung eines Coins zu unterschiedlichen rechtlichen Auswirkungen führen sollte. In seiner Urteilsbegründung spielt das Finanzgericht trotz der Tatsache, dass es in dem Fall um Ethereum ging, auf Bitcoin an.

Infolge eines kürzlich ergangenen Urteils des Finanzgerichts Nürnberg (3 V 1239/19) in einer anderen Angelegenheit äußerte das Finanzgericht Nürnberg starke Vorbehalte gegen die Besteuerung von Coins und Token durch das Finanzamt, was die Frage aufwirft, ob Coins und Token als "sonstiges Vermögen" gelten. Da die Wertmünzen sehr unbeständig waren, argumentierte der Steuerzahler, dass ihre Einstufung als Wirtschaftsgut nicht korrekt sei. Er beanstandete u. a., dass das Finanzamt die technischen Abläufe nicht verstanden und es daher versäumt hatte, die relevanten Tatsachen festzustellen, obwohl es dafür zuständig war (vorbehaltlich der Mitwirkungspflichten des Steuerzahlers), wenn das Finanzamt die Steuerlast des Steuerzahlers erhöhen wollte. Das Finanzgericht stellte zwar fest, dass die derzeitigen Steuergesetze nicht ausreichen, um die Besteuerung von Handelsgeschäften mit

Kryptowährungen zu beurteilen, wies aber darauf hin, dass sie ausreichend sind.

Deutsche Gesetze zu NFTs

Das deutsche Recht befasst sich zwar derzeit nicht speziell mit Non-Fungible-Token (NFTs), aber es sieht eine Reihe von "Arten von Finanzinstrumenten in Tokenform" vor, die inzwischen anerkannt sind. Daher muss vorerst geprüft werden, ob die Rechte und Pflichten, die mit dem Besitz von NFTs verbunden sind, in den Geltungsbereich der geltenden Gesetze fallen.

Nach dem Kreditwesengesetz (KWG) gelten Krypto-Assets als Finanzinstrumente und werden definiert als "digitale Darstellungen eines Wertes, die nicht von einer Zentralbank oder einer öffentlichen Stelle ausgegeben oder garantiert wurden, die nicht den rechtlichen Status von Währung oder Geld haben, sondern von natürlichen oder juristischen Personen aufgrund einer Vereinbarung oder tatsächlichen Praxis als Tausch- oder Zahlungsmittel oder zu Anlagezwecken akzeptiert werden und übertragen, gespeichert und getauscht werden können". Es ist unklar, ob diese Definition auch nicht-fungible Token (NFTs) einschließt. Da NFTs in den Kriterien nicht ausdrücklich erwähnt werden, scheint es einerseits, dass NFTs, solange sie technisch handelbar sind, als Krypto-Vermögenswerte und damit als Finanzinstrumente im Sinne des KWG angesehen werden können.

Da die (Nicht-)Fungibilität in den Kriterien nicht ausdrücklich erwähnt wird, scheint es andererseits, dass NFTs, solange sie technisch handelbar sind, als Kryptowährungen angesehen werden können. Ob dieses Kriterium erfüllt ist oder nicht, müsste daher von Fall zu Fall entschieden werden, um zu gewährleisten, dass das betreffende NFT in den Geltungsbereich des Gesetzes fällt.

Es lassen sich weitere Fälle identifizieren, in denen das für NFTs relevante Recht nicht a priori festgelegt werden kann, sondern von den Umständen der Transaktion sowie den Merkmalen des fraglichen Tokens abhängt. Nach dem VermAnlG kann ein Token entweder als Investmentvermögen (nach dem VermAnlG) oder als Rechnungseinheit (nach der BaFin) eingestuft werden. Wenn der Token als Fonds (nach BaFin) eingestuft wird, sind die Rechte und Pflichten des Tokens unterschiedlich (nach KAGB). Die Schlussfolgerung, die daraus zu ziehen ist, ist, dass die rechtliche Natur und Definition von NFTs sowie ihr spezifischer Platz im deutschen Recht weitgehend unklar bleiben. Das ist verständlich angesichts der relativen Neuheit von NFTs und ihrer kürzlichen "Entdeckung" als eine konventionellere (aber noch lange nicht gewöhnliche) Anlageklasse. Im unglücklichen Fall der NFTs ist eine klare rechtliche Positionierung zu ihnen sowie ihre rechtliche Einordnung erforderlich, um ein gesundes Wachstum des NFT-Marktes als legitime Anlagealternative für Investoren zu ermöglichen.

Da es schwierig sein kann, die für NFTs relevanten Rechtsvorschriften zu ermitteln, konzentriert sich dieser Artikel der Einfachheit halber auf das Eigentum an digitalen Kunstwerken als NFTs - man denke an Crypto Punks, Art Blocks usw. - und die entsprechenden Rechte und Pflichten des NFT-Käufers im Zusammenhang mit NFTs.

Urheberrecht

Der Kauf eines NFT überträgt dem Käufer, ähnlich wie der Kauf eines echten Kunstwerks, keine Urheberrechte. Folglich beschränkt sich das Recht eines NFT-Käufers auf das "Recht, es in seiner Wallet auszustellen" und beinhaltet keine weiteren Rechte. Anders ausgedrückt: Mit dem Kauf einer NFT erhält der Käufer die Befugnis, das Bild an einem bestimmten Ort auf der Blockchain zu zeigen, und sonst nichts - zum Beispiel kann der Käufer einer NFT das Bild nicht an McDonald's verkaufen, damit diese es auf einer Werbetafel verwenden können. Außerdem hat der Eigentümer der NFT nicht die Befugnis, die weitere Verbreitung des wesentlichen Materials der NFT zu verhindern. Das grundlegende Material hingegen "darf weiterhin gestreamt, angeschaut, geteilt oder sogar heruntergeladen werden"; nichts hindert den Eigentümer oder Inhaber des Urheberrechts jedoch daran, dem Käufer eine Lizenz zu erteilen, die ihm zusätzliche Rechte einräumt, wie z. B. die Möglichkeit, das Werk auf bestimmte Weise zu nutzen; Dies unterstreicht einen der attraktivsten Aspekte von NFTs: ihre unglaubliche Vielseitigkeit, die es ermöglicht, sie je nach den Bedürfnissen des Kunden auf bestimmte Anforderungen zuzuschneiden.

SCHLUSSWORT:

Die Technologie hat sich schon immer parallel zur menschlichen Entwicklung entwickelt. Der Unterschied ist, dass die Technologie heute schneller voranschreitet als je zuvor. Innovationen gehen häufig mit unvorhergesehenen Folgen einher. Die Erfinder des Laptops hatten sicherlich keine Ahnung, dass ihre Geräte eine blühende Nomadengemeinschaft auf der ganzen Welt inspirieren würden oder dass das Abrufen von E-Mails im Bett so negative Auswirkungen auf die Fähigkeit haben würde, sich von der Arbeit zu lösen. Tatsache ist, dass alle Errungenschaften unbeabsichtigte Folgen haben.

Es ist beruhigend zu wissen, dass die Blockchain-Pioniere diese Technologie mit dem Ziel entwickelt haben, die Weltbevölkerung zu demokratisieren und zu fördern. Es wird wichtig sein, dass die Pioniere ihren Überzeugungen treu bleiben, vor allem, wenn große Geldsummen, Macht und Übernahmeangebote von großen Unternehmen aus allen Richtungen auf sie einströmen. Jeder und jede von uns hat die Möglichkeit, diese neue Welt und unsere Gesellschaft durch unsere Entscheidungen zu beeinflussen. Zum jetzigen Zeitpunkt stehen wir noch ganz am Anfang dieses Prozesses. Lasst uns diesen Prozess mit einer klaren Vorstellung davon beginnen, in welcher Welt wir leben wollen, wem wir Macht geben wollen und wie wir die Zukunft der Zivilisation gestalten wollen.

Impressum

Steffen Weiler

Hildastr. 31f

76571 Gaggenau

Bei Fragen: nftbuch@gmail.com

Covergestaltung und -konzept: Steffen Weiler

Coverbilder: Burconur

Copyright © 2022 Steffen Weiler

Alle Rechte vorbehalten.

Printed in Poland
by Amazon Fulfillment
Poland Sp. z o.o., Wrocław

90309184R00107